프로세스 이코노미

프로세스 이코노미

아웃풋이 아닌 프로세스를 파는
새로운 가치 전략

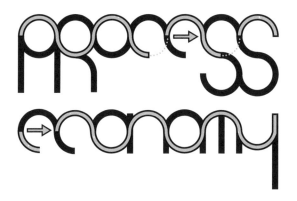

오바라 가즈히로 지음

김용섭 해제 | 이정미 옮김

ĨNFLUENTIAL
인 플 루 엔 셜

이제 '결과'가 아니라
'과정'을 팔아라!

물건만 좋다고 해서 잘 팔리는 시대는 지났다.

모든 정보가 인터넷으로 빠르게 퍼져나가고 눈 깜짝할 사이에 복제품이 나오는 탓에 제품의 기능은 금세 엇비슷해진다. 어느 회사의 TV를 고르든 성능은 크게 차이가 나지 않는 것이다. 품질은 점점 좋아지고 가격은 계속 내려가는데도 비슷한 제품과 서비스가 넘쳐나서 신제품이 나와도 큰 관심을 끌기 어렵다. 간혹 이제껏 본 적 없는 신기술이 개발되더라도 얼마 지나지 않아 신흥국의 후발 브랜드에서 비슷한 제품을 내놓기 때문에 결국 가격경쟁력에서 밀리고 만다.

개인 콘텐츠를 제작하는 크리에이터도 마찬가지다. 전 세계의 누구라도 언제든지 인기 콘텐츠를 따라 만들 수 있다. 유튜브나 인스타그램에서 한번 인기를 끈 콘텐츠는 비슷한 콘셉트로 우후죽순 재생산된다. 이제는 완성품만으로는 차별성을 확보하기 어려워졌다.

이처럼 사람도 물건도 쉽게 묻혀버리는 세상에서는 완성품이 아닌 '과정'을 판매하는 새로운 전략이 필요하다. 이것이 바로 '프로세스 이코노미'다. '프로세스(과정)'는 어느 누구도 흉내 낼 수 없다. 크리에이터의 고유한 가치관을 끝까지 쫓는 모습이나 난관을 극복하며 마침내 결과물을 만들어내는 드라마 같은 스토리는 오직 그 순간에만 마주할 수 있기 때문이다. 진심으로 자신이 하고 싶은 것을 하고, 만들고 싶은 것을 만들기 위해서는 '프로세스 이코노미'라는 강력한 무기가 필요하다.

물론 아직은 프로세스 이코노미라는 용어가 낯설고 입에 잘 붙지 않을 것이다. 하지만 이미 사회의 각 분야에서는 우리도 모르는 사이에 이 개념이 활용되고 있다. 그리고 앞으로는 더욱더 모두에게 꼭 필요한 사고방식이자 개념으로 자리 잡을 것이다.

프로세스 이코노미라는 개념을 처음 생각해낸 사람은 크리에이터들의 제작 현장을 라이브로 방송하는 '포제로 스튜디오

00:00 Studio'의 운영자 켄스けんすう 대표다. 그는 '노트note'라는 웹사이트에서 처음으로 프로세스 이코노미를 언급했다. 그곳에 실린 그의 글을 참고해서 이 새로운 개념을 설명하고자 한다.

'프로세스 이코노미'를 쉽게 이해하기 위해 이와 반대되는 개념인 '아웃풋 이코노미'부터 살펴보자. '아웃풋 이코노미'란 중간 단계에서는 돈을 벌 수 없고, 완성품인 아웃풋으로만 돈을 버는 구조를 말한다. 예를 들면 이렇다.

- 음악을 만드는 동안에는 돈을 벌 수 없고, 음악이 완성된 뒤 판매해 수익을 올린다.
- 영화를 만드는 동안에는 돈을 벌 수 없고, 영화가 완성된 뒤 판매해 수익을 올린다.
- 음식을 만드는 동안에는 돈을 벌 수 없고, 음식이 완성된 뒤 판매해 수익을 올린다.

아웃풋을 직접 팔거나 TV 광고로 홍보하기도 하지만 어느 쪽이든 아웃풋을 활용해 돈을 번다는 점은 같다.

이처럼 아웃풋 이코노미는 우리가 흔히 생각하는 일반적인 판매 방식이다.

그렇다면 아웃풋 이코노미에서는 무엇이 가장 중요할까? 바로 제품의 품질, 가격, 마케팅, 유통이다. 쉽게 말하면 좋은 상품을 만들어 고객에게 저렴한 값으로 제공한 다음, 알맞은 비용으로 홍보하고 전달해주는 것이다. 따라서 생산자는 양질의 제품을 대량으로 만들어서 합리적인 선에서 가격을 결정하고, 광고나 입소문으로 사람들에게 알린 다음, 적합한 유통 방법을 결정해서 배송에도 공을 들인다. 그러다 보면 자연스럽게 모든 상품의 품질이 계속 올라가게 된다. 품질, 가격, 유통의 삼박자가 딱 맞아떨어지는 상품이 점점 많아지는 것이다. 결국 상품 간의 격차는 사라지고 만다.

음식점만 해도 그렇다. 20년 전에는 맛없는 식당들이 꽤 많았다. 그래서 식사할 때 무난하게 체인점을 고르는 게 당연했는데 요즘에는 어떤 식당에 들어가도 실패할 확률이 매우 낮아졌다.

여기에는 두 가지 이유가 있다.

첫째, 인터넷에 식당을 운영하는 방법이나 맛있는 음식을 만드는 법에 관한 정보가 많아졌다. 즉, 품질을 올릴 만한 정보에 대한 접근성이 높아졌다. 일례로 세계 요요 챔피언인 블

랙Black에 따르면 유튜브가 일상화된 후로 전 세계 아이들의 요요 실력이 월등해졌다고 한다. 예전에는 요요를 배우고 싶어도 좁은 커뮤니티 안에서만 지식이 공유됐기 때문에 일정 수준 이상으로 실력을 쌓기 힘들었지만, 지금은 유튜브로 누구나 쉽게 세계 수준의 기술을 엿보고 연구하면서 더욱 다양한 기술을 구사하게 되었다는 것이다.

이러한 현상은 곳곳에서 일어나고 있다. 일반인이 가수 못지않은 실력으로 노래를 부르거나 트위터에서 활동하는 아마추어 만화가의 작품이 프로만큼 수준급인 경우도 자주 접한다. 아웃풋의 질이 전반적으로 높아지고 있는 것이다.

두 번째 이유는 입소문이 퍼지는 속도가 가속화되었기 때문이다. 요즘에는 소셜 미디어에서 서로 맛집을 공유하는 일이 보편화되면서 소비자의 눈을 의식해 음식의 질이나 서비스 수준을 어느 정도 보장하는 식당이 많아졌다. 이 때문에 문을 연 지 얼마 되지 않은 식당도 입소문만으로 금세 손님이 크게 늘거나 줄기도 한다.

이는 다른 분야에서도 마찬가지여서 기업이나 크리에이터가 부도덕한 행동을 하거나 수준 낮은 물건을 만들어 팔았다가는 소문이 빠르게 퍼진다. 그래서 마케팅이나 유통에 아무리 공을 들여도 기본을 지키지 못하면 경쟁에서 도태되는 일이 빈번해졌다.

이와 같은 이유로 이제는 품질만으로는 차별성을 얻기가 매우 힘들어졌다. 마케팅이나 유통에서 비롯된 약점을 상품의 완성도만으로 보완하겠다는 전략은 더 이상 고객에게 통하지 않는다는 뜻이다.

이제 품질보다는 마케팅이나 유통, 브랜딩에 더 많이 투자할 수 있느냐 없느냐로 격차가 발생한다. 잘 팔리는 상품은 더 잘 팔리고, 그렇지 못한 상품은 아무리 품질이 우수해도 빛을 보지 못하는 것이다. 또한 소비자들도 품질의 차이가 좁혀졌으므로 물건을 선택할 때 예전처럼 브랜드 간의 기능을 세세하게 따지지 않는다.

그러다 보니 상대적으로 '프로세스'가 중요해졌다. 아웃풋 이코노미가 일정 규모에 도달한 까닭에 이제 차별화할 부분은 프로세스밖에 없기 때문이다. 패션업계의 최신 트렌드 중 하나인 '지속 가능한 패션 sustainable fashion'도 같은 맥락이다.

요즘에는 환경을 고려하고 제작 과정까지 신경을 쓴 옷이 패션업계의 주목을 받는다. 개발도상국 사람들의 값싼 노동력을 착취하거나 지구의 환경을 파괴하면서 생산된 옷은 되도록 입지 않으려는 움직임이 생겨난 것이다.

게다가 옷값에 따라 품질이 크게 다르지 않으므로 옷에 관심이 많은 사람이 아니라면 미세한 차이를 알긴 어렵다. 전문가의 말에 따르면 유니클로의 3만 원대 청바지와 리바이스의 10만 원대 청바지는 질적인 면에서 큰 차이가 없다고 한다. 그래서 옷을 만드는 프로세스와 그에 얽힌 스토리가 상대적으로 더 중요해졌다. 아웃풋의 차이가 사라지면서 이제 가치는 프로세스에서 창출되고 있다. 그리고 그 흐름에서 등장한 것이 '프로세스 이코노미'다.

프로세스 자체를 수입원으로 만들려는 움직임도 나타나기 시작했다. 예를 들어, 만화가라면 만화를 그려서 팔기도 하지만 '만화를 그리고 있는 모습'을 방송함으로써 추가 수익을 창출하는 것이다.

물론 이런 형식의 프로그램은 아주 오래전부터 있었다. 예전에는 '아사얀ASAYAN'(1995년부터 2002년까지 TV도쿄에서 방송했던 오디션 프로그램으로 아이돌뿐 아니라 댄서, 배우, 모델, 디자이너 등 다양한 분야에서 오디션을 진행했다 — 옮긴이)이라는 프로그램이 있었고, 최근에는 '니지 프로젝트Nizi Project'(JYP 엔터테인먼트와 소니뮤직 재팬이 공동으로 주최한 걸그룹 오디션 프로그램. 2020년

1월 OTT 서비스 기업인 훌루Hulu에서 공개했다—옮긴이)가 유명하다. 또한 다큐멘터리나 영화의 메이킹 영상도 프로세스를 제품으로 만든 것이다. 여기서 사용한 개념을 확장하면 프로세스 이코노미가 된다.

다만, 아사얀이나 니지 프로젝트와 같은 형식은 완성된 아웃풋을 만들기 위한 과정이라는 점에서 한계가 있다. 프로세스와 아웃풋을 하나의 패키지로 묶어버린 것이다.

인터넷과 소셜 미디어의 보급으로 아웃풋과는 별개로 프로세스만으로도 돈을 버는 것이 가능해지고 있다. '커뮤니케이션'은 그 자체로 매우 강력한 콘텐츠이기 때문이다. 모바일 채팅 앱이 유망한 산업으로 떠오르고 실시간 개인 방송이 높은 인기를 구가하는 이유가 바로 여기에 있다.

게임 개발사인 디엔에이DeNA에서 개발한 라이브 방송 앱인 '포코차Pocoha'나 인터넷으로 개인 방송을 서비스하는 '쇼룸SHOWROOM'이 적합한 예다. 화면 너머에 있는 사람과 실시간으로 이야기를 주고받는 서비스는 예상외로 인기가 많아, '포코차'는 디엔에이의 주력 상품인 모바일 게임과 비슷한 수익을 올리고 있다.

사람들은 라이브 방송처럼 실시간으로 제공되는 프로세스

를 보기만 해도 나와 콘텐츠 제공자가 연결된 듯한 느낌을 받고, 그 사람과 대화까지 주고받으면 진심으로 기뻐하며 기꺼이 팬이 된다.

프로세스 이코노미의 장점은 크게 세 가지다.

첫째, 아웃풋이 완성되기 전부터 돈을 벌 수 있다. 예를 들어, 한 크리에이터가 1년 정도 소요되는 작업에 들어간다고 하자. 이 경우 아웃풋 이코노미에서는 1년 동안 무보수로 일을 하는 셈이므로 유명하지 않은 크리에이터라면 완성품이 나오기까지 경제적으로 버티기가 힘들다.

게다가 아웃풋이 잘 팔릴지 안 팔릴지도 불투명하다. 1년이나 공들여 만들었는데 전혀 돈이 되지 않을 수도 있다는 말이다. 하지만 프로세스 단계부터 돈을 벌 수 있다면 상황은 달라진다. 장기간에 걸친 큰 도전을 응원해주는 사람들로부터 일정 수익을 낼 수 있다면 아웃풋이 나올 때까지 안정된 생활이 가능하다.

이런 방법으로 가장 크게 성공한 사람이 개그맨이자 동화 《굴뚝마을의 푸펠》의 원작자로 유명한 니시노 아키히로西野亮廣다. 그는 회비가 월 1만 원 정도인 온라인 커뮤니티를 운영하는데 이곳의 회원 수는 무려 7만 명이 넘는다. 이것만으로도 연간 약 80억 원을 크리에이터 활동비로 쓸 수 있다. 그렇다면 땅을 사서 미술관을 짓거나 5억 원가량을 투자해야 하는 뮤직비디오를 찍는 등 지금까지 혼자서 할 수 없었던 규모의 도전도 가능해진다.

또한 다른 사람에게 나의 프로젝트를 응원받으려면 매우 도전적인 일을 하거나 아주 커다란 목표를 세워야 하는데, 자금이 마련된다면 미리 걱정하며 무난한 일을 선택할 필요가 없어진다. 이제껏 본 적 없는 창의적인 일을 찾다 보면 재미있는 작품이 쏟아져 나올 가능성도 높아진다.

둘째, 외로움을 해소할 수 있다. 크리에이터들은 혼자서 작업하는 경우가 많아서 고립감을 자주 느낀다. 특히 만화가나 일러스트레이터는 더욱 그렇다. 그래서 조금이라도 누군가와 연결되어 일하기를 원한다. 만약 프로세스를 보여주거나 라이브 방송에서 사람들과 소통하고 반응을 들을 수 있다면 크리에이터들의 외로움을 일부 해소할 수 있을 것이다.

셋째, 충성도가 높은 팬을 확보할 수 있다. 사람들은 최종 아웃풋이 비슷하다면 여러 선택지 가운데 감정이 이입된 쪽을 선택하기 마련이다. 이런 경우에는 본인이 구입하고 다른 사람에게 추천할 확률도 높다. 프로세스 단계부터 알고 있었기 때문에 단발성으로 소비하고 잊어버리기보다는 장기적으로 응원해주는 팬이 되는 것이다.

크라우드 펀딩 전문 플랫폼인 '캠프파이어CAMPFIRE'가 성공한 이유도 여기에 있다. 프로세스 단계부터 사람들에게 투자를 받음으로써 일종의 공생 관계를 만드는 것이다.

이처럼 프로세스 이코노미라는 단어 자체는 낯설지만, 그 개념은 이미 우리 생활 곳곳에서 활용되고 있다. 크라우드 펀딩으로 누군가의 도전을 응원하거나, 소셜 미디어로 상품의 개발 과정을 보여주면서 고객과 팬을 늘리는 일 모두가 프로세스 이코노미의 사례다. 단언컨대 요즘 시대에 아웃풋 이코노미만을 경험하는 사람은 없다. 어떤 형태로든지 우리 삶 속에 프로세스 이코노미가 자연스럽게 녹아 있기 때문이다.

그런데도 여전히 프로세스 이코노미를 불신하는 사람들이 있다. 전통적인 사고방식으로는 아웃풋을 모르는 상태에서 프로세스로 돈을 벌거나 제품이 정식으로 발매되기 전에 상품을 공개해 화제를 모으는 일은 옳지 않다고 생각할지도 모르겠다. 물건을 판매하려면 보이지 않는 곳에서 노력해 완벽한 상태로 완성한 다음에 시장에 내놔야 한다는 가치관을 지닌 사람이 많기 때문이다. 하지만 이미 다양한 분야에서 프로세스 자체로 돈을 벌고 이를 공유함으로써 팬덤을 형성하거나 열정적인 커뮤니티를 키우는 일이 많아졌고 이는 거스를 수 없는 추세다.

소셜 미디어가 보급되면서 정보와 콘텐츠가 폭발적으로 늘어났다. 일부 유명인이나 인플루언서뿐 아니라 평범한 사람들도 자신의 일과 서비스, 상품을 홍보한다. 이처럼 모든 사람이 콘텐츠 제작자이자 발신자가 된 사회에서 "자, 이런 상품을 만들었습니다" 하고 아웃풋만을 선보였다가는 그대로 묻히기 쉽다.

거듭 말하지만, 지금은 사람도 물건도 쉽게 잊히는 세상이다. 프로세스를 공유해서 비록 적은 숫자일지라도 충성도가 높은 팬을 확보하는 것은 큰 힘이 된다. 나는 이 책에서 켄스 대표가 처음 언급했던 프로세스 이코노미라는 개념을 다양한 측면에서 새롭게 파악하여 독자들에게 도움이 될 만한 방법으로 알기 쉽게 전달하고자 한다.

물론 아무리 프로세스 이코노미가 중요하다고 강조해도 당장 무엇을 어디서부터 손대야 하는지는 파악하기 어렵다. 프로세스에 가치가 생기려면 제작자가 제작 과정에 스토리를 담거나 내가 왜 이 일을 하는지에 관한 철학을 명확히 제시해야 한다. 아울러 제작자 한 명으로는 작업에 한계가 있으므로 팬을 만들어서 세컨드 크리에이터로 참여시키면 프로세스가 지닌 영향력을 더욱 키워나갈 수 있다.

팬이 점점 늘어나서 하나의 커뮤니티를 이루면 한 명 한 명의 팬이 새로운 스토리를 만들어내기 때문에 영향력이 더 커지고 또다시 새로운 사람들이 유입된다. 그 결과 더욱 다양한 사람의 이야기가 모이고 조직이 더 커지면서 자연스럽게 새로운 가치가 파생된다. 이러한 방식으로 가치가 쌓이면 고유의 차별성을 확보해 유사한 상품이나 서비스가 나와도 금세 묻히지 않게 된다.

벤처 투자회사 앤드리슨 호로비츠Andreessen Horowitz의 투자팀 파트너인 다르시 쿨리칸D'Arcy Coolican은 "커뮤니티를 지배하는 자가 모든 것을 지배한다(Community takes all)"고 말했다. 프로세스 이코노미 이전에는 '승자가 모든 것을 지배하는(Winner takes all)' 세상이었다. 생산자가 사용자를 모으고 사용자가 비즈니스 동료를 모으면 그 비즈니스 동료가 더 많은 사용자를 모은다. 그렇게 해서 승자가 된 생산자가 계속해서 이익을 얻는 식이었다. 누가 먼저 선행자로서 이익을 선점하느냐에 따라 이후의 결과가 정해지는 것이다. 하지만 프로세스 이코노미 시대에는 사용자가 하나의 커뮤니티가 되고 또다시 새로운 사용자를 모으는 순환 구조가 훨씬 중요해진다.

새로운 서비스를 만들어내는 기업가, 한 번도 시도된 적 없는 작품에 도전하는 크리에이터라면 프로세스 이코노미의 흐름을 반드시 알아야 한다. 아무리 멋진 기획과 아이디어를 가지고 있어도 자본력이 부족하다면 아웃풋을 만들어 수익을 내기도 전에 힘이 바닥나버리는 경우가 많기 때문이다.

또한 기존의 비즈니스 방식에 막막함을 느끼거나 가격경쟁에 지친 기업과 개인에게는 프로세스 이코노미가 새로운 수익 구조를 제시해줄 수 있다. 상품 고유의 가치와는 상관없이 홍보에만 급급하고, 아무리 팔아도 수익이 나지 않는 가격경쟁에서 벗어나려면 프로세스를 통해 진짜 팬을 점점 늘려가야 한다.

이 책에는 앞으로 프로세스 이코노미의 모습이 어떻게 바뀔지에 대한 예측도 들어 있다. 프로세스 이코노미의 발상과 가치관이 자리 잡으면 기업과 사회, 그리고 개인은 지금까지와는 다른 삶을 살 수 있다. 이제는 골인 지점을 정해놓고 장애물을 하나씩 넘는 방식으로 살지 않아도 된다. 매일 걷고 있는 것 자체에 기쁨을 느끼고 순간순간 떠오르는 발상에 유연하게 대처하며 살 수 있다.

《철학은 어떻게 삶의 무기가 되는가》를 쓴 야마구치 슈山口周는 이 책을 읽고 "작가의 통찰력에 혀를 내둘렀다. 이 변화로 인해 많은 조직과 인재에게 근본적인 사고방식과 행동 양식의 전환이 필요해질 것이다"라는 감상을 전해왔다. 그의 후한 평가에 감사하며, 이 책이 다른 독자들에게도 새로운 통찰을 전한다면 좋겠다.

이 책 곳곳에 영어 개념이 나온다. 읽어나가다 보면 책을 덮은 후 레고 조각이 맞춰지듯 전체 구조가 짜임새 있게 이해되는 방식으로 쓰였기 때문에 모르는 단어가 나오더라도 멈추지 말고 읽어나가면 좋겠다. 미지의 단어에서 미래를 읽는 과정을 즐겨주길 바란다. 많은 사람이 이 책을 읽고 새로운 바람과 긍정적인 메시지를 배운다면 기쁘겠다.

오바라 가즈히로

7장 프로세스는 어떻게 새로운 시대의 무기가 되는가

1장

왜 프로세스인가?

\# 욕망하지 않는 세대
\# 파타고니아 \# 덕질
\# 의미 \# 기하급수적 사고

욕망하지 않는 세대의 등장

아웃풋(완성품)이 아니라 프로세스(과정)에서 가치가 창출되는 이유는 무엇일까? 왜 요즘 사람들은 아웃풋의 작은 차이보다 생산자의 얼굴을 공개하거나 제작 과정을 공유하는 일에 더 큰 매력을 느낄까?

현대에는 인터넷상에서 수많은 정보가 매우 빠른 속도로 공유되기 때문에 품질만으로 차별성을 갖기가 어려워졌다. 이 점은 〈머리말〉에서 언급했으니 여기서는 젊은 세대가 지닌 새로운 가치관에 대해서 말하고자 한다.

나는 2017년에 《놀 줄 아는 그들의 반격》이라는 책에서 '욕망하지 않는 세대'라는 개념을 언급하며 젊은 세대의 변화에 대해 설명했다. 간단히 말하자면 30대 이하의 '욕망하지 않는 세대'는 태어났을 때부터 풍요로운 환경에서 성장했다. 집집마다 TV와 세탁기, 냉장고 같은 웬만한 가전제품은 갖춰져 있었고, 어린 시절부터 컴퓨터와 휴대폰을 접했으며 음악, 미술 같은 양질의 문화생활도 풍족하게 누렸다. 이들은 물질적인 결핍을 경험해본 적이 없다.

이와 달리 이전 세대인 '욕망하는 세대'는 결핍이 많은 환경에서 성장했다.

미국의 심리학자 마틴 셀리그먼^{Martin Seligman}은 행복해지려면 '성취, 쾌락, 긍정적인 인간관계, 의미, 몰입'이라는 다섯 가지 조건이 필요하다고 말했다. 그의 이론을 대입하면 '욕망하는 세대'는 앞의 두 가지인 '성취와 쾌락'을 중요시하며 살아왔다. 열심히 일해서 돈과 명예를 얻음으로써 성취감을 얻고, 맛있는 음식을 먹고 갖고 싶은 물건을 사면서 쾌락을 느끼는 것이다. '욕망하는 세대'에게는 성공한 사람에게만 주어지는 상류사회 편입이 곧 행복이었다.

하지만 '욕망하지 않는 세대'는 부족한 것 없는 세상에서 자랐기 때문에 성취와 쾌락을 얻는 데 집착하지 않는다.

이들은 행복의 다섯 가지 조건 중 '긍정적인 인간관계, 의미, 몰입'에 더 높은 가치를 둔다. 물질적인 것보다는 정신적인 것을 추구하는 '욕망하지 않는 세대'는 어떻게 보면 이전 세대보다 훨씬 사치스러워졌다고 볼 수 있다.

'욕망하지 않는 세대'는 소비할 때도 단순히 1차원적인 욕구를 충족하거나 다른 사람이 부러워할 만한 물건을 사기보다는 자신이 진심으로 좋아하는 물건, 기업의 비전과 생산자의 삶의 방식에 공감하고 그에 맞게 생산된 물건을 사고 싶어 한다. 즉, 단순히 '아웃풋'을 소비하는 것이 아니라 '프로세스'를 공유하는 그 자체에 매력을 느끼는 것이다.

벤츠에는 있고
도요타에는 없는 것

경영 컨설턴트이자 작가인 야마구치 슈는 또 다른 관점에서 '욕망하지 않는 세대'가 지닌 새로운 가치관을 설명했다. 그는 《뉴타입의 시대》에서 앞으로는 '필요한 것'보다 '의미 있는 것'의 가치가 더 커질 것이라고 밝혔다. 생활필수품처럼 단순히 필요한 상품이 아니라 나만의 인생을 살아가는 데 특별한 의미를 부여하는 상품이 더 높은 가치를 갖는다는 말이다.

다음은 《뉴타입의 시대》에서 인용한 글이다.

편의점 선반은 매우 엄격히 관리되기 때문에 상품을 납품해 선반에 진열되게 하는 것은 쉬운 일이 아니다. 그래서 가위나 스테이플러 같은 문구류는 대개 한 종류밖에 진열되어 있지 않다. 그래도 고객은 불평하지 않는다.

그런데 이렇게 상품관리를 엄격히 하는 편의점에 200종류 이상 진열된 상품이 있다. 바로 담배다. 왜일까? 담배는 '도움이 되지는 않지만 의미가 있기' 때문이다. 어떤 상표가 지닌 고유한 특징과 맛은 다른 상품으로 대체되지 않는다. 말보로를 피우는 사람에게 말보로라는 상표는 대체 불가능하며, 세븐스타를 선호하는 사람에게 세븐스타라는 상표는 대체 불가능하다. 사람마다 브랜드에서 받아들이는 특징이 다양하기 때문에 상표도 다양해질 수밖에 없다.

또 이런 예도 있다. 먼저 32쪽에 나오는 표를 살펴보자.

이 표는 자동차 회사에서 고객에게 제공하는 두 가지 가치를 기준으로 시장을 분류한 프레임이다. 두 가지 가치란 '사용가치'와 '의미가치'를 가리킨다. 필요를 목적으로 사는 자동차는 보통 가격경쟁력이 우수한 몇몇 상품이 시장을 장악한다.

하지만 브랜드가 지닌 의미가 중요한 페라리 같은 경우에는 제품이 희소할수록 가치가 올라간다. 그에 비례해 가격 역시 비싸진다. 또한 고객들이 다양한 종류를 원하기 때문에 하

자동차 회사에서 제공하는 가치 시장

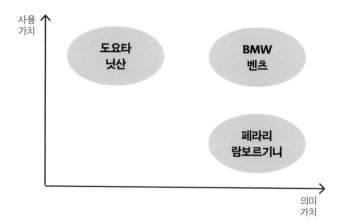

▶ 하이브리드 자동차 중 효율이 뛰어난 도요타의 프리우스는 사용가치가 높지만, 하나면 충분하다고 여겨지므로 의미가치가 낮은 편이다. 반면에 의미가치가 높은 람보르기니는 이용자의 불편함에도 불구하고 시장가치가 하늘을 찌른다.

나가 아닌 여러 버전이 시장에 출시된다.

이 두 가지 예에서 알 수 있듯이 단순히 필요해서 사는 물건은 하나만 있으면 충분하다. 편의점에서 두 번째로 잘 잘리는 가위, 세 번째로 잘 잘리는 가위를 사는 사람은 없다. 자동차 역시 하이브리드 차량이 필요하다면 프리우스를 선택하면 그만이다. 제2의 프리우스, 제3의 프리우스까지 구입하려는 고객은 없다. 특정 기능을 갖춘 상품은 하나만 보유하면 충분하다. 그래서 한 가지 상품이 전체 시장을 독점한다.

하지만 스토리가 있는 상품이라면 하나가 아니어도 상관없다. 오히려 다양할수록 상품의 가치가 높아진다. 자동차의 기능만 따지자면 람보르기니는 분명 불편한 차다. 비 오는 날에는 타기도 힘들고, 날개처럼 올라가는 걸윙도어Gull-wing door는 걸리적거린다. 적재 공간도 적으며, 후방 시야가 좁은 것도 단점이다. 불편한 점을 꼽자면 끝이 없다.

하지만 람보르기니의 가격은 수억에서 수십억 원대에 달한다. 자동차로서의 기능은 떨어지는데 가치는 하늘을 찌른다. 람보르기니에는 희소성이라는 '의미'가 존재하기 때문이다. 다시 말해, 필요보다는 의미가 있는 상품의 시장가치가 더 높은 것이다.

야마구치 슈의 글은 현대인의 가치관이 어떻게 변했는지를 단적으로 보여준다.

지금 당장 필요하지 않아도 의미가 있는 쪽이 더 가치가 높은 세상에서 우리는 어떤 전략을 활용해 비즈니스를 해야 할까. 야마구치 슈가 말했듯이 사용가치를 추구한다면 승자의 의자는 오직 하나뿐이다.

단 하나의 의자를 차지하기 위해 싸우든지, 아니면 의미 가치에 눈을 돌려 다른 시장을 찾아야 한다. 상품이나 서 비스가 살아남기 위해서는 사용가치 혹은 의미가치 중 하나를 선택해야만 하는 것이다. 이도 저도 아닌 어중간 한 상품은 금방 도태되고 만다.

그리고 의미가치를 선택한다면 사람들과 프로세스를 공유하고 상품의 의미를 전달하는 프로세스 이코노미가 더욱 중요해질 것이다.

품질 vs. 커뮤니티,
무엇으로 승부할 것인가

앞서 말한 것처럼 앞으로 상품의 가치는 '사용가치'와 '의미 가치'로 양극화되고 어중간한 상품은 도태될 것이다. 이를 두고 세계적인 미디어 아티스트 '팀랩teamLab'의 이노코 도시유키猪子寿之는 '글로벌 고품질 혹은 로컬 저품질'이라고 표현했다.

2014년 7월호 《GQ 재팬》에 실린 그의 글을 살펴보자. 꽤 오래된 글이지만 앞으로 꼭 알아두어야 할 내용이어서 일부를 인용한다.

앞으로 도시는 세계적으로 경쟁력 있는 슈퍼 고품질 상품에 관여하는 층과 강력한 커뮤니티를 바탕으로 한 상품에 관여하는 층으로 나뉠 것이다.

자세히 살펴보자면, 인터넷이 국가의 경계를 허물면 콘텐츠나 물건, 서비스는 국내에서 생산했는지 외국에서 생산했는지는 중요하지 않게 되고 그저 가장 질이 높은 상품만 팔리게 된다. 따라서 세계에서 가장 잘 팔리는 상품은 지구 전체가 시장이므로 압도적인 자본을 축적하고, 이를 바탕으로 다시 고품질의 상품을 위해 막대한 자금을 투자할 수 있다.

반면에 품질이 꽤 높더라도 세계적인 수준의 제품이 아니라면 특정 지역 안에서만 소비된다. 결국 품질에 투자할 돈이 상대적으로 줄어들고 세계적인 고품질 상품과의 격차가 벌어지면서 그 상품은 점점 더 외면받게 된다.

한편 인터넷에서는 커뮤니티를 구축하고 여기에서 활동하는 사람들의 규모가 점점 커지고 있다. 커뮤니티가 대형화되자 자신이 속한 공간에서 콘텐츠와 물건, 서비스에 대한 선택지도 다양해졌다. 인터넷이 생기기 전에는 오프라인 커뮤니티의 규모가 작아서 그 안에서 무언가를 선택하기란 현실적으로 어려웠다.

인터넷이 커뮤니티의 규모를 키우면서 콘텐츠나 물건, 서비스가 커뮤니티와 함께 묶인 것이다. 이런 상황이 되자 재화와 서비스의 가치 역시 올라갔다. 아웃풋만이 아니라 완성되기까지의 과정, 생산자의 정체성, 커뮤니케이션 활동 등이 상품의 가치에 반영되기 때문이다.

이렇게 결정된 가치는 품질과 반드시 비례하지는 않는다. 물건에 투입된 원가, 노동력, 적당한 이윤뿐 아니라 커뮤니티라는 무형의 가치도 포함되기 때문이다. 그래서 가격이 높게 책정되어도 팔리는 것이다.

반대의 경우도 있다. 생산자는 커뮤니티를 특수한 공간으로 판단해 물건을 만들어 제공하는 일을 일이자 놀이로 여긴다. 그래서 때로는 시장보다 낮은 가격으로 물건을 내놓거나 무료로 제공하기도 한다. 비경제적인 활동이 일어나는 것이다.

글로벌 고품질 상품에 관여하는 층은 세계시장에서 점유율을 유지해야 하므로 세계적인 경쟁 상황에 놓여 수익을 내기가 점점 어려워진다. 또한 전 세계를 타깃으로 한 시장이기 때문에 모든 나라에서 영업 활동이 필요하다.

(중략)

결국 로컬 고품질 상품은 점차 사라지고, 이 세상은 글로벌 고품질 상품과 강력한 커뮤니티를 바탕으로 한 로컬 저품질 상품으로 구성될 것이다. 둘은 서로 섞이지 않고 점점 별개의 시장을 차지하면서 각자의 방식으로 사회에 끼치는 영향력을 키워가게 된다.

뭐가 됐든 우리가 내일 살아남기 위해서는 로컬 고품질 상품에서는 빨리 발을 빼고, 글로벌 고품질 상품이나 커뮤니티를 바탕으로 한 로컬 저품질 상품 중 하나를 선택해야 한다.

이노코 도시유키의 말에 따르면 생존을 위해서는 누가 봐도 압도적으로 질이 좋은 글로벌 고품질을 추구하거나, 신뢰할 만한 특정 커뮤니티의 강력한 소속감을 바탕으로 한 로컬 저품질을 추구해야 한다. 여기에 중간은 없다.

다만 전자를 선택한다면 막대한 자금과 노동력을 투입해야 하는 파워 게임에서 이겨야 한다. 후자를 선택한다면 프로세스와 커뮤니티로 품질의 단점을 보완하고, 그 과정에서 참여자의 흥미를 유도하는 시스템을 만들어야 한다. 과연 어떤 선택이 바람직할까?

정답은 없다. 기업이나 개인의 목표에 따라 달라질 뿐이다. 중요한 점은 후자를 선택한다면 프로세스 이코노미를 정확하게 이해해야 한다는 것이다.

브랜드에서
소속감을 느끼는 소비자들

프로세스 이코노미의 중요성을 한층 더 깊이 이해하기 위해서 지금부터는 소비의 목적이 무엇인지 이야기해보자.

앞서 요즘 소비자들은 물질적인 것보다는 정신적인 것, 필요보다는 의미가 있는 것에 가치를 느낀다고 말했다. 여기에 덧붙여 이제는 자신의 정체성을 드러내고, 소속감까지 느끼게 해주는 브랜드를 원하기 시작했다.

현실 세계에서는 커뮤니티가 점차 사라지고 있다. 도시에 사는 사람들은 옆집 사람의 얼굴이나 이름조차 모른다. 예전에는 태어날 때부터 같은 지역의 사람들과 함께 어울려 살았다. 자연재해나 감염병, 식량 부족 등 예측할 수 없는 생명의 위기가 닥

칠 때면 이웃들과 협력하며 극복해왔다. 굳이 소속감을 가지려고 노력하지 않아도 자연스럽게 자신이 살고 있는 지역 커뮤니티에 속할 수 있었다.

하지만 지금은 옆집에 누가 사는지 몰라도 아무런 상관이 없다. 오히려 이웃들과 어설프게 교류하다가는 갈등을 겪을 수 있다고 걱정하기도 한다. 인터넷상에서는 이상한 사람과 부딪혔을 때 쉽게 연락을 끊을 수 있지만 현실 세계에서는 문제가 그리 간단하지 않다. 그렇게 사람들은 서서히 이웃과 관계를 단절하게 되었다. 게다가 도시에는 수많은 사람이 밀집해 생활하고 있지만 함께 모일 수 있는 장소는 예전에 비해 크게 줄었다.

이웃과 마찬가지로 소속 욕구를 채워주던 회사도 그 기능을 잃고 있다. 요즘은 "사원은 가족이다. 다 같이 한마음으로 회사에 헌신하자!"라고 했다가는 직장 내 권력을 이용한 갑질로 비판받는다. 많은 사람이 회사에 소속된 사원이라는 입장보다는 개인으로서의 삶을 더 중요하게 생각하기 때문이다. 종신고용제도 유명무실해진 지 오래고, 부업을 찾거나 이직하는 사람도 많아졌다. 이제 사람들에게 회사는 결국 다시 돌아와야 하는 곳이 아니다.

1차 공동체인 가족 역시 수십 년 전부터 핵가족화되었다. 개

인의 정체성을 보장해주던 가족, 이웃, 회사라는 세 가지 소속
처가 모두 제 기능을 상실한 셈이다. 그래서 사람들은 이제 어
딘가에 소속되고 싶다는 욕구를 전통적인 공동체가 아닌 다른
곳에서 찾게 되었다.

내가 쓰는 브랜드가
나를 말한다

일본에서는 매년 새해에 연예인들이 출연해 물건의 가치를 평가하는 프로그램을 방송한다. 한 병에 몇십만 원이나 하는 고급 와인과 편의점에서 몇천 원에 살 수 있는 저렴한 와인을 비교하는 식이다. 한번은 명품 바이올린인 스트라디바리우스와 학생들이 사용하는 저가 바이올린을 소리만 듣고 맞혀보기로 했다. A와 B 중 어느 것이 고가의 바이올린인지 선택해서 방으로 들어가는 식이었는데, 한 연예인이 답을 고르고 방문을 열자 안에 아무도 없었다. 나머지 사람은 모두 다른 방을 선택한 것이다. 그는 자신의 판단이 틀렸다고 생각하며 불안해했다.

누구든 생각이 비슷한 사람과 있을 때 편안함을 느낀다. 산에

오를 때 앞사람이 선택한 길을 자연스럽게 뒤따르는 것도 앞서 간 사람이 많으면 안심이 되기 때문이다. 대학 동기들과 쉽게 친해지는 이유도 과가 같으면 취향이 비슷할 확률이 높기 때문이다. 앞서 소개한 프로그램에서는 이와 같은 동질감이 주는 편안함을 빼앗아 사람들에게 불안감을 느끼게 하고 재미의 요소로 활용했다.

예전에는 회사가 곧 커뮤니티였다. 회사에는 대개 비슷한 생활수준과 가치관을 지닌 사람들이 모였다. 경우에 따라서는 회사에 따라 거주지와 같은 인생의 선택지가 알아서 결정되기도 했다. 하지만 회사는 더 이상 커뮤니티가 아니다. 중요한 문제를 나 대신 결정해주지도 않는다. 사람들은 이제 혼자 살아가야 하는 상황에 처했고 내 선택에 확신을 잃은 채 끝없는 불안감에 시달린다.

세계는 서서히 풍요로워지고 있어서 끼니를 걱정할 정도로 가난한 나라도 점점 줄고 있다. 하지만 식량 문제가 사라진 자리를 내적인 문제가 차지했다. '나는 지금 이대로 괜찮을까? 나는 무엇을 위해 일하고 살아가는가?'라는 막막한 불안감과 고민은 오히려 깊어졌다. 이러한 시대적 상황도 사람들이 자신의 정체성에 맞는 브랜드를 찾아다니는 이유 중 하나다.

종교를 대신하는 브랜드들

고도의 경제성장기를 맞이하기 이전에 살았던 사람들은 하루하루가 고단해서 미래를 예측할 여유조차 없었다. 하물며 1,000년, 1,500년 전에 살았던 사람들은 얼마나 앞날이 막막했을까. 그토록 불안했던 인간을 지켜줬던 것은 다름 아닌 '거대한 전설'을 품은 종교였다.

일본의 고승 고보대사弘法大師가 창설한 진언종에는 '동행이인同行二人'이라는 말이 있다. '사찰을 순례할 때는 혼자가 아니다'라는 말로 순례자 옆에는 늘 고보대사가 함께한다는 뜻이다.

사람들은 인생이라는 모험에 누군가가 함께 걸어주길 원한다. 길을 몰라 헤맬 때 옆에 누가 있다는 생각만으로도 고독감과 불안을 떨쳐낼 수 있기 때문이다. 종교는 오랫동안 그 역할을 해왔다. 하지만 종교의 중요성이 줄어든 현대사회에서는 이 '거대한 전설'이 제 기능을 하지 못하게 되었다.

원래 'religion(종교)'이라는 영어는 라틴어인 'religiō(재결합)'에서 유래했다. 신에게서 버림받은 인간은 종교를 통해서만 다시 '거대한 전설'과 연결될 수 있다는 뜻이다. 절대자에 대한 믿음으로 종교를 선택하면 안정감과 소속감을 채울 수 있다. 또한 나와 같은 선택을 한 신자들이 있다는 사실에 연대감도 생긴다.

현대사회에서는 이 역할을 브랜드화된 기업이 담당하고 있다. '이런 문제가 생겼을 때, 스티브 잡스였다면 어떤 선택을 했을까?', '자신감 있는 삶을 사는 사람은 나이키 운동화를 신겠지?'처럼 말이다. 브랜드는 이직할 때나 새로운 결단을 내릴 때처럼 중요한 선택의 기로에 선 사람들에게 일종의 판단 기준이 되기도 한다.

이제 사람들은 상품 그 자체가 아니라 브랜드가 가진 메시지와 자신의 삶을 동일시한다. 이러한 동일시 현상에는 아웃풋이 나오기 전인 상품의 생산 과정도 포함된다.

소비자가 상품의 질이 아닌 메시지에 공감하고 이를 따르고 싶은 마음에 물건을 사고 응원하는 현상을 '신도信徒 비즈니스'라고 폄하하는 사람도 있다. 하지만 지금 시대에는 브랜드를 통해 사람들의 소속 욕구를 채워주고 인생의 지혜를 공유하는 역할이 상품의 품질만큼이나, 아니 그 이상으로 중요해졌다.

인터넷 세상을
놀이터 삼는 세대

자신의 정체성을 표현하는 곳이 브랜드나 인터넷 커뮤니티로 이행하는 것은 세계적 현상이다. 최근에는 전 세계의 젊은이들을 중심으로 한 분야에 열중하는 '덕질 문화'가 퍼지고 있다.

2015년 트위터사에 방문했을 때 "유독 일본에는 여러 개의 계정을 만들어 목적에 따라 구분해서 쓰는 사람이 많은데 왜 그럴까요?"라는 질문을 받은 적이 있다. 그때 나는 "일본은 사람들 간의 연결고리가 강하고 집단의 의견을 따르려는 동조 의식이 높아서, 인터넷상에서는 현실 세계와는 다른 별도의 인격을 사용해 자신만의 취향을 편하게 탐구하려는 것 같아요"라고 답했다. 그런데 2018년이 되자 그에게서 "미국에서도 여러 개의 계정을 사용하는 젊은이들이 점점 늘어나고 있어요!"라는 말을 듣게 되었다.

이 젊은 세대들은 1995년 이후에 태어난 'Z세대'로 중학생 때부터 소셜 미디어와 스마트폰을 손쉽게 사용해왔다. 인터넷으로 누군가와 소통하고 연결되는 것이 당연한 세대인 것이다. 나는 개인을 더 중요하게 생각하는 미국에서도 동조 현상이 강해져서 별개의 계정으로 자신의 취향을 추구하려는 '덕질 문화'가 생겨난 것 같다는 이야기를 그와 나눴다.

사람들은 태어났을 때의 경제 상황이나 부모의 사상 등에 영향을 받아 가치관을 형성한다. 그러나 요즘에는 '어떤 나이대에 인터넷상의 사람들과 연결되는가'가 크게 작용한다.

1970년대에 태어난 사람들은 사회인이 되고 나서도 한참 후에야 인터넷을 접하고 이메일 주소를 만들었다. 1980년대 초반에서 1990년대 초반에 태어난 '밀레니얼 세대'는 빠르면 청소년기, 늦으면 사회에 나오기 전인 대학생 때쯤 인터넷과 연결됐다. 이들은 새롭고 재미있는 것은 모두 인터넷에 있다는 세계관을 지니고 자랐으므로 온라인 밖으로 밀려나면 뒤처질 수 있다는 불안감이 있다. 이를 '포모FOMO: Fear Of Missing Out 증후군'이라고 부르는데 소셜 미디어가 만들어낸 일종의 고립 공포감을 뜻한다.

'Z세대'는 자의식이 넘치는 사춘기 무렵에 인터넷과 만났다. 그래서 이들에게는 '인터넷에서 나는 어떻게 보여지는가'가 매우 중요하다. 인터넷에서 활동하는 자신의 캐릭터나 남들에게 보이는 내 모습 같은 메타인지(자신이 무엇을 알고 모르는지 객관적으로 판단할 수 있는 인지능력-옮긴이)가 높은 것도 이 세대의 특징이다. 또 인터넷에서 관심사에 대한 정보를 얻는 것에 익숙하기 때문에 '덕질 문화'에 더 쉽게 몰두한다.

반면 Z세대는 밀레니얼 세대와는 다르게 늘 인터넷과 연결되어 있었기 때문에 인터넷에 들어가지 않아도 특별히 불안해하지 않는다. 그러다 보니 오히려 혼자만 남겨졌을 때 기쁨을 느끼는 '조모JOMO: Joy Of Missing Out 증후군'을 앓기도 한다.

한편 2010년 이후에 태어난 '알파 세대'는 태어날 때부터 인터넷을 접했다. 이들은 인터넷 커뮤니티별로 자신의 인격과 캐릭터가 달라지는 것을 당연하게 여긴다. 모르는 사람을 처음 만나는 곳은 집 근처 놀이터가 아니라 '마인크래프트' 게임 속 세상이다. 알파 세대는 얼굴도 본 적 없는 사람과 인터넷으로 의 사소통하는 데 익숙하다.

아울러 알파 세대는 온라인상에서 자연스럽게 리더십을 배운다. 온라인 슈팅 게임인 '포트나이트'나 '스플래툰'에서는 모르는 사람과 팀을 짜고 상대 팀과 싸워서 이겨야 하는데, 이때 내가 팀을 이끌지 아니면 보조를 맡을지를 빠르게 결정해야 한다. 순간의 판단이 게임의 승패를 좌우하기 때문이다. 어렸을 때부터 이러한 상황에 자주 노출된 까닭에 알파 세대는 다른 세대보다 리더십이 강하다고 한다.

이처럼 세대별로 인터넷을 접한 시기와 인터넷이 그들에게 끼친 영향은 다르다. 하지만 앞으로 프로세스 이코노미가 가져다 줄 변화는 모두에게 똑같이 나타날 것이다.

파타고니아에서
굳이 불편한 쇼핑을 하는 이유

앞에서 한 이야기를 이번에는 마케팅 관점에서 다시 살펴보도록 하자.

근대 마케팅의 아버지라 불리는 필립 코틀러 Philip Kotler 는 '마켓 4.0'이라는 개념을 제시했다. 프로세스 이코노미를 이해하는 데에 큰 도움이 되는 이론이다.

- 마켓 1.0 = 제품 중심 마케팅 → 기능적 가치 홍보
- 마켓 2.0 = 고객 중심 마케팅 → 차별적 가치 홍보
- 마켓 3.0 = 인간 중심 마케팅 → 참여적 가치 홍보
- 마켓 4.0 = 경험 중심 마케팅 → 공동 작업형 가치 홍보

냉장고는 초기에 커다란 얼음을 넣어 냉기를 유지하는 방식을 사용했다. 하지만 얼음이 녹으면 제 기능을 하지 못하다 보니 매번 얼음을 사다가 다시 채워야만 했다. 이후 전기와 가스를 이용해 365일 24시간 동안 음식을 차갑게 보관할 수 있는 기술이 개발되자 냉장고는 한순간에 생활필수품이 되었다. 초기 단계인 마켓 1.0 시대에는 이처럼 필요한 기능만 있으면 사람들은 충분히 만족했다.

예전에는 냉장고, 세탁기, 텔레비전이 '3대 가전제품'이라 불리며 큰 인기를 끌었다. 사람들은 이 제품들로 일상생활의 편의를 채워나갔다. 그때는 특정 상품으로 얼마나 생활이 편리해질 수 있는지 알려주는 것만으로도 홍보가 되었다.

하지만 무엇이든 대량생산이 가능해지면서 집집마다 생활필수품을 구비하자 '제품 중심 마케팅'만으로는 더 이상 물건이 팔리지 않았다. 경제적으로 여유로워진 소비자들은 이제 "내가 원하는 상품은 보편적인 제품이 아니다"라며 특별한 기능을 요구했다. 집에서 위스키를 즐기는 애주가들은 자동으로 얼음이 나오는 냉장고를, 미세먼지가 문제인 가정에서는 아주 작은 먼지 입자까지 제거해주는 공기청정기를 원했다.

더 이상 하나의 커다란 덩어리인 '대중'이 아닌 술을 좋아하는 사람, 알레르기로 힘들어하는 사람처럼 세분화된 고객에게 물건을 팔아야 하는 시대가 온 것이다. 이것이 두 번째 단계인 마켓 2.0이다.

사회가 점점 더 풍요로워지고 성숙해지자 고객이 만족하는 지점은 또다시 바뀌었다. 이제 고객은 자신이 원하는 물건을 소유하는 것만으로는 만족하지 못했다. 제품의 편리성만이 아니라 브랜드가 내거는 가치와 운영 방식 등 기업의 방향성까지 엄격하게 살피기 시작한 것이다.

미국에서 인종차별 문제가 불거지면 기업들은 서둘러 차별과 편견에 반대하는 메시지를 내보낸다. 상품을 홍보하는 것이 아니라 우리 기업이 더 나은 사회를 만드는 주체라는 이미지를 구축하는 것이다. 여기에 공감하며 감동받은 사용자는 그 기업의 상품을 구매함으로써 브랜드를 응원한다.

이러한 시대에는 모두가 살기 좋은 세상을 만들자는 사회적 메시지를 담은 '인간 중심 마케팅'으로 변화해야 물건을 팔 수 있다. 이것이 마켓 3.0이다.

필립 코틀러가 제시한 마케팅 이론의 단계

	마켓 1.0	마켓 2.0	마켓 3.0	마켓 4.0
마케팅 방식	제품 중심 마케팅	고객 중심 마케팅	인간 중심 마케팅	경험 중심 마케팅
목적	상품의 판매·보급	고객 만족	가치 있는 체험	고객의 자기실현
기술적 배경	대량생산 기술	정보 통신 기술	소셜 미디어	빅데이터
고객 욕구	소유 욕구	성장 욕구	참여 욕구	창조 욕구
기업 행동	제품 개발 4Ps	소비자 조사 제품 차별화 STP	브랜드 커뮤니티	고객 경험 AIDA
제공 가치	기능적 가치	차별적 가치	참여적 가치	공동 작업형 가치
고객과의 커뮤니케이션	광고 선전 판매 촉진	홈페이지 광고 메일	참여형 소셜 미디어	공동 작업형 소셜 미디어

▶ 마켓 4.0에서는 고객 참여를 강화하기 위해 인간 대 인간의 연결이 중요해진다. 이때의 고객은 더는 수동적인 대상이 아니라 적극적인 커뮤니케이션 미디어이다.

필립 코틀러는 여기에서 한 걸음 더 나아가 마켓 4.0이라는 개념을 제시했다. 상품과 서비스의 기능가치는 점점 빛을 잃고 반대로 '감정가치'와 '참여가치'가 주목을 끈다는 이야기다. 사람들은 제품이나 기업의 메시지를 앉아서 소비하는 데 그치지 않고 직접 가치를 창조하는 데 참여하기 시작했다.

'모든 서비스는 내가 나답게 살기 위해 존재한다.' 이것이 마켓 4.0의 대표적인 관점이다. 수동적인 소비자에 머물지 않고 모두가 행복한 세상을 만들기 위해 적극적으로 기업 활동에 참여하여 사회를 변화시키는 데 도전하는 것이다.

이처럼 마켓 4.0은 프로세스 이코노미에서 이야기하는 내용과 결을 같이 한다.

아웃도어 기업인 '파타고니아Patagonia'를 예로 들어보자. 파타고니아는 "이 재킷을 사지 마시오(Don't Buy This Jacket)"라는 광고를 내걸어 소비자들의 눈길을 끌었다. 패스트 패션 시대에 한 벌의 옷을 만들면서 생기는 환경오염에 대한 경고이자, 재활용된 원료를 사용해 '오래 입어도 새것 같다'는 기업의 친환경적 가치를 알리기 위해서였다. 실제로 해당 재킷을 불매하는 일이 일어나진 않았지만, 소비자의 의식에는 변화가 일어나는 것이다. 이를 통해 소비자들은 '우리는 고향인 지구를 살리기 위한 비즈니스를 한다'는 파타고니아의 경영 이념에 자연스럽게 동참하게 된다. 이는 멋진 가치에 공감하는 데서 더 나아가 직접 활동에 참여하고 싶다는 소비자의 욕구를 채워준다.

이로써 마켓 4.0에서 소비자는 기업의 경영 프로세스를 함께하는 데서 더 큰 가치를 경험하는 것이다.

아웃풋으로는
돈을 벌 수 없는 때가 온다

젊은 세대의 가치관은 달라졌고, 소비자들은 아웃풋의 작은 차이보다는 기업의 메시지에 더 주목하게 되었다. 그들은 브랜드에서 소속 욕구를 채우고, 이제는 기업의 활동에까지 참여하고 싶어 한다. 이것이 아웃풋이 아닌 프로세스에서 가치가 창출되는 근본적인 이유다.

지금부터는 기술적인 관점에서 프로세스 이코노미를 살펴보고자 한다. 기술 발전은 프로세스에서 가치가 창출될 수밖에 없는 또 하나의 주원인이기 때문이다.

기술이 발전하면 아웃풋은 점점 무료에 가까워지고, 사용자는 아웃풋이 아닌 프로세스 자체에 돈을 지불하게 된다. 이와 같은 변화를 체계적으로 보여주는 개념이 '6D'다.

6D는 2020년 1월에 출간된 《컨버전스 2030》의 공동 저자인 피터 디아만디스^Peter H. Diamandis가 제시한 개념이다.

미 항공우주국이 후원하는 실리콘밸리 소재 창업교육기관인 싱귤래리티 대학교의 학장이기도 한 그는 기술의 발전에 따라 AI가 인간의 지능을 넘어서는 순간인 특이점이 도래한다고 말했다. 그 격변의 시대를 거치면서 모든 것은 6D로 귀결된다는 것이다.

그렇다면 6D란 무엇인지 그 개념을 하나씩 살펴보자.

① Digitalization 디지털화

② Deception 잠복기

③ Disruption 파괴적 혁신

④ Demonetization 무료화

⑤ Dematerialization 비물질화

⑥ Democratization 민주화

첫 번째는 디지털화Digitalization다. 디지털화는 일찍이 책이나 영화 등의 콘텐츠 산업에서부터 진행되었다. 종이책은 이제 아이패드나 아이폰 등의 디지털 기기로 읽을 수 있는 전자책으로 많이 옮겨왔다. 영화를 보기 위해 영화관에 가거나 비디오테이프 혹은 DVD를 빌릴 필요도 없어졌다. 넷플릭스나 아마존 프라임 비디오에 접속하면 언제 어디서든 쉽게 작품을 감상할 수 있기 때문이다.

또한 인간의 DNA에 새겨진 모든 정보도 디지털화가 완료되었다. DNA 정보는 아데닌(A), 구아닌(G), 사이토신(C), 티아민(T)이라는 네 종류의 염기 서열로 이루어지는데, 이것을 해독할 수 있게 되자 신약과 백신 개발이 급속도로 빨라졌다.

다만, 디지털화는 한 번에 진행되지 않고 잠복기를 거친다. 신용카드가 처음 등장했을 때를 떠올려보자. 언론에서는 신용 경제 시대가 온다고 떠들썩했지만, 일반인들은 곧바로 체감하지 못했다. 오히려 어차피 내야 하는 돈을 미리 쓸 뿐이라는 회의적인 시각이 대다수였다. 하지만 지금은 신용카드는 물론이고 휴대폰을 이용한 모바일 결제 방식도 보편화되었다.

이처럼 새로운 기술은 세상에 알려지고 비판받는 동안에도 수면 아래에서 천천히 진화하는 시기를 거친다. 이것이 잠복기

6D의 기하급수적 성장

출처: 싱귤래리티 허브

▶ 피터 디아만디스는 양자 컴퓨팅의 진화에 힘입어 기술이 비약적으로 발전할 거라 예측하며, 이를 '디지털화-잠복기-파괴적 혁신-무료화-비물질화-민주화'라는 6D 개념으로 설명한다.

^{Deception}다. 그리고 이 시기를 지나면 기존 권력 관계를 단번에 뒤집어놓는 대변혁의 시기가 찾아온다. 이것이 파괴적 혁신^{Disruption}이다.

①~③단계가 지나면 마지막으로 모든 것이 무료화되고 비물질화되며, 민주화되는 ④~⑥단계가 일어난다.

2050년에는 전기를 무료로 쓴다?

빛이 전혀 들지 않는 실내에서 채소나 과일을 키울 때는 햇빛 대신 LED 빛을 활용해야 한다. 이때는 전력이 얼마나 사용되는지에 따라 작물의 가격이 결정된다. 하지만 지금까지는 비싼 전기요금 때문에 공장에서 작물을 생산하는 곳이 많지는 않았다.

그런데 태양광발전 비용이 저렴해지면서 2050년에는 지금보다 전기요금이 10분의 1이나 낮아질 전망이다. 한 시간 동안 필요한 전기량에 해당하는 1kWh가 약 20원 정도로 저렴해지면, 한 시간에 20원으로 채소를 키울 수 있게 된다. 결과적으로 채소 가격은 믿을 수 없을 만큼 싸진다.

식료품뿐 아니라 생필품 역시 생산 원가가 점점 낮아지고 있다. 물론 인건비, 임대료 등의 문제로 실제 가격이 극적으로 저렴해지지는 않았지만, 장기적으로는 누구든 생활에 필요한 음식과 물건을 큰 비용 없이 누리는 시대가 올 것이다. 게다가 노화를 일으키는 특정 유전자의 존재도 밝혀지고 있으니 인간은 풍족한 생활을 누리며 점점 더 오래 살 수 있게 된다(물론 이렇게 되면 '죽을 수 있는 권리'에 대해 논의해야 하는 상황이 아이러니하지만 말이다).

생필품의 가격이 거의 무료에 가까운 시대가 온다면 사람들은 무엇에 가치를 느끼고 돈을 지불할까? 결국 아웃풋인 물건이 아니라, 물건을 만드는 프로세스를 보며 재미를 느끼고 함께 물건을 만들고자 할 것이다. 프로세스와 스토리를 공유받는 대가로 돈을 지불하는 것이다. 이러한 구조적인 변화가 바로 무료화Demonetization다.

물건으로 돈을 벌 수 없는 단계가 '무료화'라면 물건 자체가 없어지는 단계는 '비물질화Dematerialization'다.

우리가 먹는 고기는 20종류의 아미노산으로 이루어져 있다. 따라서 이를 조합하면 3D 프린터로 고기를 인쇄하는 것도 충분히 가능하다. 이스라엘에서는 이미 인공 단백질이 개발되었으며, 싱가포르에서는 닭의 세포를 배양해 만든 고기를 레스토랑에서 팔고 있다.

좀 더 최근의 예를 들자면 스마트폰을 꼽을 수 있다. 옛날에는 여행을 갈 때면 사진을 찍기 위해 필름 카메라나 디지털카메라를 가지고 가야 했다. 하지만 스마트폰에 카메라의 기본적인 기능이 탑재되자 누구나 쉽게 앱을 사용해서 사진을 찍을 수 있게 되었다. 굳이 카메라나 필름을 챙길 필요가 없어진 것이다.

라디오도 마찬가지다. 예전에는 기계가 있어야만 라디오를 들을 수 있었지만, 지금은 스마트폰만 있으면 앱을 실행해 어디서든 라디오를 들을 수 있다. 이처럼 우리 주변에서는 이미 비물질화가 진행 중이다.

싱귤래리티 대학교의
기하급수적 사고

프로세스 이코노미에서는 6D 중에서도 마지막 여섯 번째 개념인 민주화Democratization가 가장 중요하다.

다양한 소프트웨어가 개발되면서 우리는 사람들을 온라인상에서 만나고, 직접 물건을 만드는 일에도 쉽게 참여할 수 있게 되었다. 이 책의 편집자 미노와 고스케箕輪厚介가 운영하는 온라인 살롱 '미노와 편집실'도 회원들의 자발적인 참여로 유지되는 커뮤니티다.

예전에는 웹사이트의 배너나 간단한 동영상을 만들려면 일일이 전문가에게 작업을 의뢰해야 했다. 하지만 미노와 편집실에서는 이 모든 작업이 구성원들의 자발적인 참여로 이루어진다.

억지로 새우잡이 배에 태워 강제로 노동을 시키는 것이 아니다. 스마트폰이나 문서 작성 프로그램, 동영상 편집 소프트웨어 등을 활용해서 일이 아닌 놀로, 틈나는 시간에 취미 활동처럼 작업에 함께하는 것이다.

앞서 말했듯이 '욕망하지 않는 세대'는 일에서 '성취나 쾌락'이 아닌 '긍정적인 인간관계, 의미, 몰입'을 추구한다. 의미 있는 작업을 좋아하는 사람들과 몰입해서 일할 수 있다면 그 자체가 놀이이자 행복인 셈이다.

'6D'가 진행됨에 따라 분야를 막론하고 생산 비용은 크게 낮아지고 있다. 2035~2040년에는 아웃풋 판매 중심의 경제 활동이 끝을 맞이할 것이다. 따라서 우리는 다가올 미래를 염두에 두고 지금부터 무엇을 하면 좋을지 생각해야 한다.

싱귤래리티 대학교에서는 '기하급수적 사고Exponential Thinking'를 가르친다. 기술이 발전하면 어느 순간 세상은 기하급수적 가속 페달을 밟은 듯이 순식간에 뒤바뀐다. 우리는 그 변화를 넋 놓고 바라보지 말고 먼저 내다보고 행동해야 한다. 그리고 이를 위해 '6D' 개념을 반드시 알아두어야 한다.

태양광발전으로 전기요금이 지금보다 반값 이하로 떨어질 만큼 기술이 진보하면 세상은 급격하게 달라지기 시작할 것이다. 순식간에 무료화가 진행되며 새로운 곳으로 탈바꿈한다. 그때 프로세스로 돈을 벌 수 있다는 발상이 있느냐 없느냐는 매우 중요해진다.

다음 장에서는 프로세스 이코노미가 인간의 본능적 욕구와 얼마나 본질적으로 맞닿아 있는지에 대해 파악해보자.

2장

우리는 언제
프로세스에 공감할까?

econamy

#공감 메커니즘 #오바마
#시그니처 스토리
#이타심 #하이네켄

오바마 대통령을 탄생시킨 공감 메커니즘

1장에서는 왜 프로세스에서 가치가 창출되는지 가치관과 기술의 변화를 중심으로 살펴보았다. 2장에서는 어떻게 사람들이 프로세스에 공감하는지 그 메커니즘에 대해 고찰해보려 한다.

사람들은 왜 프로세스에 공감하고 열광할까?

2008년 미국 대통령 선거에서는 오바마 열풍이 불었다. 버락 오바마Barack Obama 대선 후보가 내세운 '우리는 할 수 있다Yes, we can'와 '변화Change'라는 캐치프레이즈는 9·11 테러 이후 아프가니스탄 분쟁과 이라크 전쟁으로 지친 미국인의 마음을 위로해주었다. 그리하여 2009년 1월, 유색인종으로는 처음으로 오바마가 미국의 대통령이 되었다.

그를 당선으로 이끈 주요 인물 중 하나가 선거기간 동안 참모로 활동했던 마셜 간츠Marshall Ganz였다. 하버드 케네디 스쿨 교수인 그는 오바마의 선거전에 '퍼블릭 내러티브Public Narrative'와 '커뮤니티 오거나이징Community Organizing'이라는 수법을 사용했다. 이것이 'Self Us Now'라는 이론이다.

오바마는 연설할 때 처음부터 무거운 주제를 청중에게 던지기보다는 자신이 어떤 인생을 살아왔는지 소소한 이야기부터 꺼냈다.

"저는 흑인으로서 비주류의 아픔을 겪으며 자라왔습니다. 하지만 미국이라는 나라가 제게 자유를 준 덕분에 지금 이 자리까지 올 수 있었습니다. 비주류의 아픔을 아는 제가 변화를 이끌어가겠습니다. 이것은 앞으로 여러분도 충분히 할 수 있는 일입니다."

오바마는 먼저 자신이 지금 여기에 있는 이유인 '나의 이야기'를 말하고, 우리가 지금 여기에 있는 이유인 '우리의 이야기'로 자연스럽게 이어간 다음, 지금 우리가 움직여야 하는 이유인 '지금의 이야기'를 전달했다.

대통령 후보의 성장사라는 타인의 이야기를 나의 이야기로 느끼게끔 유연하게 화제를 전환하는 방법으로 사람들의 마음을 끌어당긴 것이다.

이 이야기와 프로세스 이코노미는 어떤 관련이 있을까?

'Self Us Now'라는 이론에 입각한 스토리인 인생의 '프로세스'를 듣다 보면 우리는 타자의 이야기와 나의 이야기를 동일시하게 된다.

"나는 이런 인생을 살았다. 당신도 지금 이런 길을 걷고 있다. 나와 당신에게는 공통점이 있다. 그것을 토대로 연대하여 다 같이 변화를 일으키자." 즉, 자신의 이야기인 프로세스를 공유함으로써 듣는 이의 공감을 얻고, 이를 바탕으로 개인을 향한 열광을 집단 전체를 향한 열광으로 탈바꿈시키는 것이다.

리더 한 명의 힘으로는 사회를 변혁할 수 없다. 사회는 한 사람이 100보 전진하는 것보다 프로세스를 공유한 동료 100명이 한 보씩 전진해야 확실히 달라진다. 사건과 사고로 혼란스러웠던 미국을 변화시키기 위해 오바마 대통령이 선택한 연설 방식은 대중이 프로세스에 공감하는 메커니즘을 정확하게 파고들어 사람들의 마음을 움직였다.

일본 벤처 신화의 주인공이자 베스트셀러 작가인 호리에 다카후미堀江貴文는 《제로》를 집필할 때 오바마의 연설 방식을 참고했다고 한다. 그는 '나, 우리, 그리고 지금'의 순서로 이야기를 구성하는 방식을 자신의 책에 따와 'Me We Now' 이론이라고 이름 붙였다.

먼저 자신의 이야기를 꺼내서 독자와의 거리를 좁히고 (Me), 공통점을 찾아내서 연대감을 형성한 다음(We), 자신이 하고 싶은 일을 설명하는(Now) 구조로 자신의 스토리를 책에 담아냈다.

이를 위해 규슈의 시골 마을에서 자란 학창 시절의 에피소드와 은둔형 외톨이처럼 지내다가 아르바이트를 계기로 세상 밖으로 나왔다는 일화도 넣었다.

그가 이전에 쓴 책들은 "맞는 말이지만 공감이 가지 않는다"거나 "저 사람은 특별하니까 가능한 것이다"처럼 거리감이 느껴진다는 반응이 많았고, 일부 직장인들 사이에서만 인기를 끌었다. 하지만 'Me We Now' 이론을 토대로 프로세스를 공유한 《제로》는 젊은 여성이나 주부처럼 기존 팬들과는 다른 폭넓은 층에서도 공감대를 이끌어냈고, 40만 부가 넘게 팔리는 베스트셀러가 되었다.

이야기로 감정에 호소하라

숨겨져 있던 프로세스를 드러내고 사적인 스토리를 다른 사람과 공유하면 많은 사람에게 공감을 얻을 수 있다. 이와 같은 프로세스 이코노미의 원리를 이해하기 위해서는 '시스템 1'과 '시스템 2'라는 이론도 알아두어야 한다.

이 이론은 2002년 노벨 경제학상을 수상했으며 프린스턴 대학교 명예교수이자 경제학자인 대니얼 카너먼Daniel Kahneman이 처음 내놓았다. 다음 내용은 그의 저서 《생각에 관한 생각》을 참고해서 작성했다.

인간의 행동은 '감정적 사고'와 '논리적 사고'를 함께 씀으로써 결정된다. 카너먼은 감정적인 프로세스를 따르는 사고 구조를

'시스템 1'로, 논리적인 프로세스를 따르는 사고 구조를 '시스템 2'로 불렀다. 아무리 지적 능력이 우수한 교양인이라도 24시간 내내 논리적으로 사고하고 행동할 수는 없다. 또한 인간은 논리적 사고인 '시스템 2'보다 감정적 사고인 '시스템 1'을 따르는 경우가 더 많다.

새로운 변화가 필요할 때 이치와 근거를 따지며 아무리 논리적 사고에 호소해봤자 효과는 크지 않다. 그보다는 두근거리는 마음을 공유해서 순간적으로 움직이는 감정적 사고를 자극하는 편이 변화에 더 효과적이다. 이때 감정적 사고를 자극하는 요소는 논리가 아니라 '이야기와 서사'다.

오바마 대통령은 "나와 함께 행동하자"며 이야기를 이용해 사람들의 감정에 호소했다. 이로써 여기저기 분산되어 있던 개인들을 하나의 비전으로 모을 수 있었다.

마음을 사로잡는
시그니처 스토리

모험을 떠나고 싶게 하는 강력한 이야기와 서사는 오바마 대통령처럼 위대한 리더에게서만 나올까?

브랜드 경영론의 대가인 데이비드 아커David A. Aaker는 그의 저서 《크리에이팅 시그니처 스토리즈Creating Signature Stories》에서 브랜드에는 반드시 '시그니처 스토리'가 있어야 한다고 말했다.

'시그니처 스토리'란 기업이나 서비스를 대표하는 상징적이고 특징적인 이야기를 의미한다. 이를 강력하게 내세우면 브랜드는 고객의 마음을 사로잡을 수 있다.

스토리를 가진 사람은 창업자뿐만이 아니다. 오히려 직원이나 거래처, 고객이 가진 이야기가 더 감동적인 경우도 많다. 중요한 것은 그 스토리가 브랜드의 가치관 및 철학과 일치하느냐다. 수많은 정보 속에서 사람의 마음을 끄는 것은 오직 '진짜'뿐이다. 따라서 브랜드에 대해 말할 때는 거짓으로 꾸며낸 이야기가 아니라 상품과 서비스를 제공하면서 축적된 진짜 이야기를 찾아내서 가공해야 한다.

또한 시그니처 스토리는 '억지로 전달'해서는 안 되고 '자연스럽게 전달'되어야 한다. 듣는 사람이 자발적으로 브랜드와 함께 걷고 싶은 마음이 들게끔 하는 이야기와 서사를 언어화해야 한다. 이로써 고객들은 기꺼이 모험에 함께할 동료가 되어준다. 고객 한 명 한 명이 주변 사람들에게 브랜드에 대해 알리면 점점 많은 동료가 생겨나고, 브랜드는 그들과 함께 물건과 서비스를 만들어갈 수 있다.

이와 같은 과정이 반복되면 결국에는 '커뮤니티야말로 경영 전략의 핵심이다'라는 결론에 이른다. 그리고 이 커뮤니티를 가장 밑에서부터 받쳐주는 요소가 바로 이야기와 서사다.

크리에이티브 디렉터로 유명한 사토 나오유키^{佐藤尚之}의 책 《HOW TO 팬 베이스 팬을 얻는 실천법》에 나오는 개념도 살펴보자. 그에 따르면 팬의 지지를 단단하게 만들려면 세 가지 감정적인 부분에서 업그레이드가 필요하다.

① 공감 → 열광
② 애착 → 유일무이
③ 신뢰 → 응원

프로세스를 공유하면 처음에 느꼈던 '공감'이라는 감정이 더욱 강해져 '열광'이라는 단계로 나아간다. 브랜드를 향한 '애착'은 이 브랜드가 아니면 안 된다는 마음으로 이어져 세상에 하나뿐인 '유일무이'한 존재라는 인식을 갖게 한다. 또 팬들의 수동적인 '신뢰'는 능동적인 '응원'으로 발전한다. 결국 커뮤니티를 지배하는 자가 모든 것을 지배하게 되는 것이다.

인간의 궁극적인 욕망은
무엇인가

프로세스 이코노미를 움직이는 원동력 중 하나는 '이타심'이다. 그리고 이타심의 바탕에는 공감이 깔려 있다. 프로세스 이코노미는 누군가를 돕고 싶다는 목표 아래 서로 협력해나갈 때 성립한다.

인간의 뇌에는 태어날 때부터 '누군가를 위해 살고 싶다'라는 헌신하는 마음과 행동이 장착되어 있다. '내가 조금 손해보더라도 다른 사람이 행복했으면 좋겠다'는 이타심을 기준으로 행동하도록 만들어져 있는 것이다. 그리고 이런 생각을 할 때 우리 뇌에서는 '옥시토신'이라는 호르몬이 분비된다.

옥시토신은 자궁수축호르몬이라고도 불리는데, 자궁 민무늬

근과 젖샘 근섬유를 수축시키는 작용을 한다. 갓 태어난 아기는 본능적으로 엄마의 젖을 빨아 살아남는다. 나약한 아기의 모습을 보고 엄마가 안쓰럽다고 생각하는 순간 뇌에서는 옥시토신이 분비되고 모유가 나온다고 한다.

흥미로운 점은 다른 사람의 이타적인 행동을 옆에서 보기만 해도 옥시토신이 분비된다는 사실이다. 이타적인 행동은 사람들 사이에서 연쇄 반응을 일으키며 점점 더 확산된다.

메타(구 페이스북)의 창업자 마크 저커버그^{Mark Zuckerberg}는 자신이 가진 천문학적인 액수의 재산을 훗날 사회에 환원하겠다고 선언한 바 있다. 그는 이미 이전에도 1000억 원 규모의 거액을 몇 번이나 기부하기도 했다. 저커버그는 엄청난 부를 가졌음에도 다른 사람을 위한 삶을 살겠다고 결정한 것이다.

'강철왕'이라고 불리는 미국의 기업인이자 자선 사업가인 앤드루 카네기^{Andrew Carnegie}는 뉴욕에 카네기홀을 세우는 등 다양한 방법으로 문화 예술계를 지원했다. 그는 미국을 시작으로 세계 각지에 2,500개의 도서관을 건설하기도 했다. '호랑이는 죽어서 가죽을 남기고, 사람은 죽어서 이름을 남긴다'는 속담처럼 1919년에 죽은 앤드루 카네기의 이름은 100년이 지난 지금까지도 전 세계 사람들의 입에 오르내리고 있다.

물욕과 권력욕, 그리고 소속 욕구와 인정 욕구가 충족되어도 인간은 결코 만족하지 못한다. 모든 것을 이루고 나면 마지막으로는 '다른 사람을 위해 무언가 하고 싶다'는 고귀한 욕망에 이르기 때문이다. 사람들의 이타심을 원동력으로 삼는 프로세스 이코노미는 이와 같은 인간의 욕구와도 맞닿아 있다.

뇌과학자이자 의학박사인 이와사키 이치로岩崎一郎가 쓴 《행복을 끌어당기는 뇌과학》에 따르면 인간의 뇌에는 신체 반응과 감정을 연결하는 '뇌섬엽Insular Cortex'이라는 부위가 있는데, 이 부위를 단련시켜서 뇌 전체를 균형적이고 협조적으로 움직이도록 하면 감정이입에 도움이 되고 긍정적인 감정을 더 잘 느낄 수 있게 된다고 한다. 뇌섬엽을 단련하는 방법 중 하나가 바로 이타심을 키우는 것이다. 결국 이타심은 인간이 행복해지는 핵심이라고 할 수 있다.

또 다른 연구도 있다. 미국 캘리포니아 대학교 리버사이드 캠퍼스의 크리스티나 아르멘타Christina Armenta 박사가 이끄는 연구팀은 사람이 느끼는 감사함을 두 종류로 나누었다.

① **은혜적 감사함** : 다른 사람이 뭔가를 주거나 어떤 일을 해주었을 때 생기는 마음. 어떤 행동 Doing에 의해 나타나는 감정.

② **보편적 감사함** : 존재 Being에 감사하는 마음. 세상 모든 것에 항상 감사하는 마음을 느끼는 상태.

연구에 따르면 은혜적 감사함만을 느끼는 이는 세상을 자기중심적으로 파악하기 때문에 시야가 좁아지고 도움을 주는 사람을 만나기도 어렵다고 한다. 반면 보편적 감사함을 느끼는 이는 주변 사람들과의 관계를 의식하고 더 넓은 시야로 세상을 바라보기 때문에 많은 사람의 공감을 얻을 수 있고 도움을 주는 사람도 늘어난다. 보편적 감사함으로 더 많은 사람과 커뮤니티를 형성하면 자연스럽게 부차적인 이득도 따르는 셈이다.

하이네켄 광고가 보여주는
프로세스의 힘

프로세스를 공유하면 인간은 자신과는 전혀 다른 정치적 관점이나 사상을 지닌 사람과도 친해질 수 있다. 과정을 함께하는 동안 서로를 동료라고 느끼기 때문이다. 이런 모습이 잘 나타난 사례가 바로 하이네켄 광고다.

광고에서는 좌파와 우파, 페미니스트와 안티 페미니스트, 트랜스젠더와 안티 트랜스젠더, 기후변화 회의론자(기후 변화가 인간 탓이 아니라고 보는 사람)와 환경 보호론자가 각각 둘씩 짝이 되어 커다란 창고에서 처음 만난다. 서로에 대한 아무런 정보가 없는 두 사람은 만나자마자 함께 의자와 테이블을 조립한다. 혼자서는 하기 어려운 크기라 서로 도우면서 의견을 주고받아 조립에 열중하던 두 사람은 마침내 멋진 바 카운터를 완성한다.

그때 두 사람 앞에 사전에 녹화해둔 인터뷰 영상이 흘러나온다. 그제야 두 사람은 처음으로 서로의 생각과 사고방식이 완전히 반대라는 사실을 알게 된다. 영상이 끝나면 "방에서 나갈지 아니면 함께 맥주를 마시며 대화할지 선택하세요"라고 한다. 두 사람은 과연 어떤 선택을 할까? 다들 고민 없이 "그야 당연히 맥주지!"하고 한 손에 하이네켄 병을 들고 건배하며 편안한 분위기에서 이야기를 시작한다.

두 사람은 "오늘 함께 일해서 즐거웠다", "우리의 생각은 다르지만 이렇게 함께 맥주를 마시는 것은 즐겁다", "살아가면서 늘 흑백을 명확하게 나누기란 쉽지 않은 일이다"와 같은 이야기를 나누고 맥주를 마시면서 광고는 끝이 난다. 참으로 감동적인 영상이다.

사고방식이 다를지라도 우리는 함께 작업하며 땀을 흘리고 운명 공동체로서 하나의 프로젝트를 성공시킬 수 있다. 광고를 통해 우리는 굳이 그렇게 싸우고 부딪힐 필요가 없었다는 사실을 깨닫는다.

간혹 소셜 미디어에서 나의 논리로 상대방을 이겨야만 분이 풀린다는 듯 끝까지 쫓아가서 설전을 벌이는 사람들이 있다. 하지만 인간의 사고방식은 그렇게 간단히 바뀌지 않는다. 세상은 꽤나 복잡해서 어떤 가치관을 선택했든 그 배경에는 타당성이 존재하기 때문이다. 그런데도 상대방을 억지로 굴복시키려 한다면 결국 다툼이 일어나게 된다.

하이네켄 광고는 사람과 사람이 연결되는 데 프로세스가 얼마나 중요한지를 설명하기에 아주 좋은 자료다. 유튜브에 〈Open Your World〉라고 검색하면 4분 30초가량의 광고 영상을 쉽게 찾을 수 있으니 꼭 한번 보길 권한다.

사람은 본능적으로 타인과 프로세스를 공유하는 데서 행복을 느낀다. 우리는 가치관이나 사고방식의 차이를 뛰어넘어 서로 연대할 수 있다. 이것이 바로 프로세스 이코노미가 인간 본성에 근거를 두고 있다는 말의 뜻이다.

3장

단 하나의 '정답'을 버리면
보이는 것들

#수정주의 #효과화 이론

#재즈형 일하기

#세컨드 크리에이터

#인사이드 아웃

정답은 언제든지
수정될 수 있다

    이제는 프로세스 이코노미의 개념을 어느 정도 이해했을 것이다. 하지만 머리로는 이해했더라도 내면에 잠재된 인식을 바꾸지 않으면 실제로 활용하기까지는 많은 어려움이 따른다. 따라서 지금부터는 프로세스 이코노미를 이성적으로 파악하기보다는 감각적으로 몸에 익히는 데 도움이 되는 내용을 살펴보려고 한다.

    누구나 오랜 시간 몸에 배어 있던 가치관에서 단번에 벗어나기는 어렵다. "프로세스로 돈을 벌다니 어쩐지 사기 같다", "프로세스를 다른 사람에게 보여주다니 이상하다", "발매 전의 정보나 기업 비밀을 외부에 알리는 것은 옳지 않다"와 같은 반발

이 있을 수도 있다. 아직은 많은 사람이 아웃풋 이코노미에 익숙하기 때문이다. 보이지 않는 곳에서 노력해 고객이 알아줄 만한 제품이 완성되었을 때 시장에 내놓아야 한다는 가치관이 더 우세하다.

여기에는 공교육의 영향이 크다. 교육개혁 실천가이자 저술가인 후지하라 가즈히로^{藤原和博}는 2003년에 민간인 최초로 도쿄의 공립중학교 교장이 되었다. 그는 학생들이 세상을 배울 수 있도록 돕는 독특한 학습법을 개발하여 교육계에 큰 반향을 불러일으켰다.

나는 후지하라에게서 '우리는 정답주의에서 수정주의로 바꿔나가야 한다'라는 말을 듣고 머리를 한 대 얻어맞은 느낌이 들었다.

공교육은 대체로 단 하나의 정답만을 찾아가는 정답주의에 사로잡혀 있다. 선생님도 학생도 어떻게 하면 정답을 맞힐 수 있는지에만 몰두한다. 하지만 기존의 논리를 근거로 정답을 정해두더라도 하루가 다르게 변해가는 세상에서는 기존의 논리 자체가 무의미해지는 경우도 많다.

따라서 이제는 '수정'을 기본 전제로 삼아야 한다. 정답을 도출해내는 데 골몰하기보다는 미완의 작품을 일단 대중 앞에 선보인 다음 그들에게서 다양한 의견을 받아 끊임없이 고쳐나가는 것이다. 요컨대 '정답주의'라는 고정관념에서 벗어나 '수정주의'로 이행해야 한다는 말이다.

프로세스를 보여주지 않고 완벽한 상태의 아웃풋을 세상에 내보이는 것이 우리가 기존에 가지고 있던 상식이었다. 그러다 보니 공교육에서 정답주의를 배운 사람의 눈에는 프로세스 이코노미가 여전히 어색할 수도 있다.

하지만 프로세스를 공개하고 반응을 살피면서 끊임없이 수정해가는 쪽이 오히려 급변하는 요즘 시대에는 잘 들어맞는다. 언제라도 중간에 방향을 바꿀 수 있음을 전제로 한 수정주의야말로 빠르게 변화하는 요즘 시대를 살아가는 데 적합한 방법이다.

성공을 부르는 파랑새는
과정 속에 숨어 있다

경영이론 중에 '효과화^{Effectuation}'라는 용어가 있다. Effectuation 은 '어떤 일을 일어나게 하다' 혹은 '목적과 희망을 달성하다'라 는 뜻의 'effectuate'의 명사형 표현으로, 목표를 달성해내는 방 법 혹은 요령을 의미한다. '효과화 이론^{Principles of Effectuation}'은 버 지니아 대학교 경영대학원의 사라스 사라스바티^{Saras Sarasvathy} 교 수가 뛰어난 성과를 낸 창업가들을 분석하여 발표한 이론인데, 프로세스 이코노미를 사용해서 어떤 일을 달성하고자 할 때 반 드시 염두에 두어야 할 개념이다.

아직도 많은 이들이 문제를 해결하기 위해 '목표설정형 접근' 을 한다. 목표를 설정하고 그것을 달성할 수 있는 수단을 찾아가는 방식이다. 이런 접근은 어느 정도 예측이 가능한 영역에서는 유효하지만, 미래가 불확실하고 예측할 수 없는 영역에서는 통하지 않는다. 불확실성 속에서도 새로운 기회를 개척해나가는 이들은 어떤 사고방식을 갖고 있을까?

사라스바티 교수는 성공한 창업가 27명을 연구하여 그들이 불확실한 상황에 대처하며 성과를 내는 원리를 다음과 같은 다섯 가지로 정리했다.

1. **손 안의 새** Bird-in-Hand: 지금 가진 자원에서부터 시작하라

2. **허용 가능한 실패** Affordable Loss: 감당할 수 있는 손실을 정해두라

3. **크레이지 퀼트** Crazy Quilt: 협력자를 늘려나가라

4. **레모네이드** Lemonade: 우연을 활용하라

5. **비행기 조종사** Pilot-in-the-Plane: 통제할 수 있는 부분에 집중하라

벨기에 작가 모리스 마테를링크 Maurice Maeterlinck가 쓴 동화《파랑새》를 떠올려보자. 주인공이 파랑새를 찾지 못했던 이유는 숭고한 것들이 바깥에 있으리라는 착각 때문이었다. 사실 파랑새는 이미 집 안에 있었던 것처럼 우리도 먼저 내가 가진 것들을 소중히 여기고 출발점으로 삼아야 한다.

'효과화 이론'이 작동하는 사이클

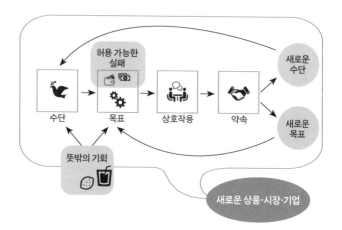

▶ '효과화 이론'은 예측이 어려운 상황에서 결정하는 법을 알려준다. 자신이 가진 수단 안에서 출발하고, 실패를 감당할 수 있는 범위에서 목표를 설정하며, 사람들과의 상호작용 속에서 네트워크를 확장하고 약속을 통해 새로운 상품·시장·기업을 창출한다. 그 과정에서 뜻밖의 기회 혹은 약속으로 새로운 수단과 목표가 추가될 수도 있다.

빠르게 변하는 요즘 시대에는 처음부터 목표를 명확하게 세우면 나중에 선택지가 줄어들어서 오히려 성공과 멀어질 수 있다. 고정된 목표보다는 지금 내가 가진 자원을 바탕으로 먼저 일을 시작하는 것이 현명한 이유다. 이것이 '효과화 이론'의 첫 번째 핵심 키워드인 '손 안의 새Bird-in-Hand'다.

요즘과 같이 불확실성이 크고 변화무쌍한 시대에는 실패가 따라올 가능성도 크다. 그래서 처음부터 실패를 예상해두자는 것이 '효과화 이론'의 두 번째 키워드 '허용 가능한 실패Affordable Loss'다.

예를 들어, 당신이 어떤 이벤트나 축제를 기획한다고 가정해 보자. 과연 모든 일이 순풍에 돛 단 듯이 순조롭게 진행될 수 있을까? 예기치 못한 사건과 문제 들이 여기저기서 튀어나올 게 뻔하다. 바비큐와 맥주를 즐기면서 토크 이벤트와 라이브 연주를 함께 하려면 무대로 쓸 단상이 필요하고 음향과 조명기기도 준비해야 한다. 문득 계산기를 두드려보니 입장료와 음식 값만으로는 비용을 감당할 수 없다. 그때부터는 협찬을 받을 회사를 찾아다니거나 크라우드 펀딩을 받거나 상품 판매로 어떻게든 적자를 막아보려고 애쓰게 된다.

어떤 프로젝트를 진행할 때는 반드시 실패를 예상에 넣어두어야 한다. 일이 큰 실패로 이어지지 않도록 작은 실패는 계속 허용하면서 도전을 이어가는 것이다. 그 과정에서 우리는 모르는 것을 배우고 새로운 사람과 만나기도 한다. 이와 같은 경험은 오히려 다음 도전에 큰 도움이 되는 예상치 못한 선물이다.

'효과화 이론'의 세 번째 키워드인 '크레이지 퀼트Crazy Quilt'도 일을 완수해갈 때 꼭 알아두어야 할 개념이다. 일반적인 퀼트는 헝겊 조각들을 바느질해서 규칙적인 무늬의 아름다움을 보여주지만, 크레이지 퀼트는 정해진 규칙 없이 자유롭게 조각들을 이어 붙이는 수예 기법이다. 자투리 천 조각은 쓸모가 없지만, 이것들을 꿰매서 이으면 하나의 커다란 작품이 탄생하듯이 순간이 모이면 결국에는 분명히 의미 있는 결과로 이어진다. 그래서 우리는 모든 단계에 유연하게 대응하며 평소였다면 손잡지 않았을 사람과도 협업하면서 크레이지 퀼트와 같은 작업을 이어가야 한다. 이는 앞서 말한 '수정주의'와도 같은 맥락이다.

'효과화 이론'의 네 번째 키워드인 '레모네이드Lemonade'는 실패에 새로운 성공의 기회가 포함되어 있다고 보는 관점이다. 쓰고 신 레몬은 그냥 먹기는 어렵지만, 레몬즙을 짜서 꿀과 얼음을 섞으면 맛있는 레모네이드가 된다. 처음 레모네이드를 만든 사람은 레몬을 이런 방법으로 먹을 수 있다는 사실을 알고 분명 크게 놀랐을 것이다. 이처럼 우연이 기회가 되어 예기치 못한 성공으로 이어지는 경우가 많다.

마지막 키워드인 '비행기 조종사Pilot-in-the-Plane'는 조종간을 절대 놓지 말아야 할 파일럿처럼 프로젝트나 행사를 진행할 때 중심을 잘 잡아야 한다는 뜻이다. 참가자들이 마음 편히 춤추며 즐거운 시간을 보낼 수 있는 것은 누군가가 흥겨운 분위기에 휩쓸리지 않고 묵묵하게 조종사 역할을 해주고 있기 때문이다.

실패에 관대해지면 여러 차례 실패를 겪는 동안 새로운 사람을 만나고 생각지 못한 기회를 얻게 된다. 언뜻 실패로 보였던 시간이 결국에는 성공으로 이어지는 과정인 것이다. 이로써 우리는 새로운 목표와 동료, 그리고 의미를 찾아낸다. 하루가 다르게 바뀌는 세상에서는 시작 단계에서 정한 전략이 오히려 도전적인 생각을 가로막기도 한다. 내 손의 작은 새에서 시작한 모험을 이어가다 보면 결국에는 가장 나다운 목표 지점에 도달할 수 있고, 나와 잘 맞는 동료도 찾을 수 있다. 결국 우리의 영역은 점점 더 넓어질 것이다.

오케스트라형 대신
재즈형 일하기 방식으로

오케스트라 연주에서는 악보에서 벗어난 애드리브가 허용되지 않는다. 바이올린과 첼로, 관악기와 타악기를 언제 어느 시점에서 어떻게 연주할지는 사전에 모두 정해져 있다. 지휘자의 지시를 절대 무시해서도 안 된다. 오케스트라 연주는 정해진 목표를 향해 달리는 정답주의의 전형이다.

이에 반해 재즈 연주에서는 작곡가가 쓴 악보를 그대로 따르기보다는 연주자의 재량대로 즉흥적으로 자유롭게 표현한다. 재즈 클럽에 모인 관객과 밴드 연주자가 얼마나 합이 잘 맞느냐에 따라 원하는 대로 즉흥연주를 할 수도 있다. 지나치게 편곡이 돼서 원곡이 뭔지조차 알기 어려울 때도 있다.

재즈 연주자는 오늘, 이곳에서만 할 수 있는 음악을 찾아 여행을 떠난다. 클럽에 모인 관객도 오늘과 똑같은 연주를 내일이나 모레에는 들을 수 없다. 그래서 여러 번 같은 공연을 봐도 질리지 않는다. 재즈는 정답주의가 아닌 수정주의를 지향하는 음악이자 프로세스 이코노미 그 자체다.

하루가 다르게 변하는 현대사회에는 정해진 목표를 향해 흔들림 없이 걸어나가는 오케스트라형이 아니라 어디에 정답이 있는지 모른 채 답을 찾아 떠나는 재즈형 생활 방식과 작업 방향이 더 바람직하다.

변화의 속도가 더딘 시절에는 정답에서 역산하여 연습 방향을 설정하고 "A파트와 B파트를 합쳐봅시다"와 같은 과정을 반복해서 일을 완성했다. 하지만 요즘에는 "A보다 B가 나을 것 같은데?" 혹은 "C나 D와 같은 방법도 있어"처럼 다양한 아이디어를 한데 모으는 방식이 더 적합하다. 놀이터에서 새로운 놀이를 만들어서 친구를 불러 모으듯이 "여기여기 붙어라!"처럼 일을 진행하는 것이다.

재즈 연주자들은 1초도 안 되는 찰나에 서로의 호흡을 느끼고 합을 맞추어 즉흥연주를 해내야 한다. 단순한 수정주의가 아니라 초고속 수정주의로 이루어지는 결정 과정이다. 너무 빠르게 일이 진행되므로 결과는 아무도 모른다. 그저 연주자도 관객도 앞으로 어떤 연주가 펼쳐질지 두근거리는 마음으로 그 순간의 음악을 즐길 뿐이다. 즉흥연주가 숨 가쁘게 흘러나올 때 연주자와 관객은 원래 계획에서는 결코 경험할 수 없는 감동과 마주하게 된다.

깃발을 처음 세운 자가
가장 많은 정보를 얻는다

지금까지 읽은 내용을 토대로 개인의 인식은 달라졌을 수 있지만, 여러 사람이 모이는 기업이나 단체는 아웃풋 이코노미에서 좀처럼 벗어나기가 어려울 것이다. 물론 프로세스 공유가 개인보다는 기업에 단점으로 작용하는 면도 있다. 상품을 정식으로 출시하기도 전에 공개하면 새로운 기술이나 아이디어가 많든 적든 외부에 알려지므로 경쟁사에서 모방할 가능성이 적지 않기 때문이다.

그럼에도 정보를 미리 공개해야 하는 이유는 무엇일까? 결론부터 말하자면 먼저 정보를 공개하여 깃발을 세운 사람이 더 많은 정보를 모을 수 있기 때문이다.

내가 다국적 컨설팅 회사 맥킨지에서 일하기 시작했던 1994년에는 아직 인터넷이 상용화되지 않았고 휴대폰을 가진 사람도 드물었다. 그때 맥킨지에서는 미국을 비롯한 선진국의 최첨단 기술, 투자 및 상품 개발에 관련된 정보, 그리고 마케팅에 도움이 되는 지표를 모아 해당 회사에 새로운 사업을 제안하는 프로젝트를 진행했다. 고작 정보를 모아 건네주는 것만으로도 당시 가치로 수억 원을 벌었던 셈이다. 외국의 정보를 쉽게 접할 수 없었던 1990년대 중반에는 다른 나라의 정보를 모아 전달하는 일에 큰 가치가 있었다.

지금은 "며칠 전부터 무엇이 전 세계에서 유행하기 시작했다"와 같은 정보는 스마트폰만 슬쩍 봐도 알 수 있다. 세계의 한구석에서 시작된 소문도 금세 인터넷상에서 화제가 되고 발 빠른 사람들은 그날 바로 소셜 미디어에 관련 글을 올린다.

새로운 정보를 나만 알고 있겠다는 생각은 이미 틀렸다. 정보 자체에는 더 이상 큰 가치가 없다. 오히려 내가 가진 정보를 공유하여 동료를 만들고, 프로세스를 아낌없이 공개하는 편이 결과적으로는 더 많은 핵심 정보를 모으는 데 유리하다.

〈머리말〉에서 말했듯이 모두가 어렴풋이 느끼고 있던 새로운 사회현상을 '프로세스 이코노미'라고 처음 언어화한 사람은 포제로 스튜디오의 켄스 대표였다. 이 표현이 화제가 되자 다들 앞다투어 프로세스 이코노미라는 말을 사용하기 시작했다. 누가 이 말을 처음 만들었는지는 인터넷에서 검색해보면 쉽게 알 수 있다. 그 사람이 바로 '처음 깃발을 세운 사람'이다.

선두주자에게는 많은 관심이 쏠린다. 그리고 그를 중심으로 다양한 정보와 사람이 모여들기 시작한다. 여기에 많은 사람의 생각이 더해지면서 정보는 배로 늘어난다. 결국 처음 깃발을 세운 사람이 가장 많은 정보를 얻게 되는 것이다.

프로세스의 자발적 참여자, 세컨드 크리에이터

일본에서는 한 해 7만 권 이상의 신간이 출판된다. 내가 새 책을 쓰고 열심히 홍보하는 와중에도 서점과 소셜 미디어에서는 신간에 대한 정보가 끊임없이 흘러나온다. 책뿐 아니라 모든 상품은 만드는 것보다 존재 자체를 알리기가 더 힘들다. "새 책이 나왔습니다. 모두 읽어보세요!"라고 아무리 외쳐도 정보의 바다에 묻히면 독자들은 책을 쳐다봐주지도 않는다.

하지만 책을 쓰는 동안 소셜 미디어에서 제작 과정을 공개하고 정보와 아이디어를 모아 이 책에 관심 있는 동료를 만들면 발매 전부터 이목을 집중시킬 수 있다. 때로는 책의 홍보를 위해 유튜브 영상을 촬영해 올려주겠다며 자발적으로 응원해주는 사람도 생긴다. 니시노 아키히로는 이러한 동료를 '세컨드 크리에이터'라고 불렀다.

제품을 만드는 과정을 공개하면 이를 응원하는 세컨드 크리에이터가 나타난다. 제품이 완성되면, 그들은 별도의 요청이 없어도 알아서 홍보에 앞장선다. 이런 식으로 꼬리에 꼬리를 물며 새로운 동료가 생기고 입소문이 퍼지면서 크리에이터들의 모임은 하나의 커뮤니티로써 더욱 활성화된다. 마침내 이러한 흐름에 함께하고 싶다는 일반인들도 늘어나면서 커다란 유행이 시작되는 것이다.

2019년, 일본에서는 버블티가 크게 유행했다. 한 가게에서 처음 신메뉴로 등장한 버블티는 입소문을 타고 날개 돋친 듯 팔리기 시작했다. 이어서 TV, 잡지, 소셜 미디어 등 여러 매체에서 버블티의 인기를 다루자 관련 매장이 우후죽순 생겨났다.

책이 팔리는 과정도 이와 비슷하다. 우연히 눈에 들어온 책을 구매해 읽고 마음에 들면 주변에 권하는 사람이 늘어나 점점 더 많이 팔리게 되고, 이런 과정을 반복하다가 마침내 베스트셀러가 되는 것이다.

입소문이 만들어내는 연쇄 작용은 소셜 미디어 시대에 이르러서 더욱 극대화되었다. 소셜 미디어를 타고 소문은 금세 퍼지고 한번 팔리기 시작한 물건은 더 많이 팔리는 현상이 나타난다. 한 출판 관계자의 말에 따르면 일본에서 2020년에 가장 잘 팔린 경제경영서 10위권에 들어간 책 중 신간은 두 권뿐이었다. 나머지는 2018년과 2019년에 나온 것이라고 한다. 신간보다는 구간이 꾸준히 팔리면서 스테디셀러가 된 것이다. 일례로 마에다 유지前田裕二의 《메모의 마법》도 출간된 지 2년이 지났지만, 일본에서 누적 판매량이 70만 부를 돌파할 정도로 여전히 인기를 끌고 있다.

이는 베스트셀러가 된 책 대부분이 소셜 미디어에서 세컨드 크리에이터에 의해 계속 언급되기 때문이다. 발매 전부터 프로세스를 공유해온 세컨드 크리에이터가 있으면 상품이 출시되고 한참이 지나도 계속해서 화제에 오른다. 스테디셀러는 소셜 미디어에서 끊임없이 정보가 갱신되어 커뮤니티가 확장되고 오히려 새로운 이야기가 더해지기 마련이다.

《메모의 마법》은 몇 번이나 표지 갈이를 했는데도 매번 소셜 미디어에서 회자되었다. 모든 버전을 구입해서 자신의 계정에 올리는 사람도 있다. 책의 기획 단계부터 정보를 공개해 세컨드 크리에이터를 만들고 발매된 후에도 화제가 되도록 설계한다면 베스트셀러가 될 가능성이 더욱 높아질 것이다.

기획이 세워졌을 때부터 프로세스에 참여하는 세컨드 크리에이터는 무에서 유를 창조해내고 이를 다시 열 배 혹은 스무 배로 불려준다. 정보가 넘쳐나서 특정 상품을 인식시키기조차 어려운 인터넷 세상에서는 자발적으로 정보를 만들어서 확산해주는 이들의 존재가 매우 중요하다.

고객을 사로잡는
인사이드 아웃 방식

프로세스 이코노미적 발상은 물건을 만드는 방법도 바꾼다. 마케팅 업계에서는 '아웃사이드 인Outside-In'과 '인사이드 아웃Inside-Out'이라는 말을 자주 사용한다. 아웃사이드 인은 매출과 이익, 목표와 같은 결과를 기준으로 역산해서 프로세스를 만들어내는 사고방식이다. 반대로 인사이드 아웃은 내부에서 일어나는 충동을 기준으로 프로세스를 만들어가는 사고방식이다. 요즘에는 상품과 서비스를 생산하는 방식이 아웃사이드 인에서 인사이드 아웃으로 바뀌고 있다.

고도의 경제성장기가 계속되던 시절, 생산자는 사용자의 실생활을 관찰하며 물건을 만들었다. 세탁기가 각 가정의 생활필수품이 되어 집안일 부담을 덜어준 것처럼, 생산자는 사용자의 고통과 실생활의 고충을 덜어주는 방식으로 고객의 만족도를 높여왔다.

손으로 옷을 빨던 시절에는 겨울이면 차가운 물에 손이 꽁꽁 얼어 빨래가 무척 힘든 일이었다. 그때 세탁기가 등장해 집안일의 고통을 단번에 해결해주었다. 이후 세탁기를 쓰는 것이 당연해지자 장마철이 되면 빨래가 잘 마르지 않는다는 새로운 문제가 부각되었다. 이를 해결하기 위해 건조기가 등장했고, 덕분에 사람들은 집이 습해지는 일도 피하게 되었다. 매일 번거롭게 설거지를 해야 한다는 불편함은 식기세척기의 등장으로 이어졌다.

사람들의 고통을 덜어주기 위해 상품을 만들고 실생활에서 부족한 부분을 채워주는 작업을 이어온 결과 어느덧 사용자가 갖고 있던 기본적인 요구는 거의 사라졌다. 그 결과 아웃사이드 인 방식을 적용해 만든 상품으로는 더 이상 사용자의 마음을 빼앗기 힘들어졌다.

물질적으로 풍요롭고 발전한 사회에서는 아웃사이드 인 상품보다 인사이드 아웃 상품이 팔기 쉽다. '내가 좋아하는 일에 당신도 함께하면 이 세상은 더욱 풍요로워질 것이다'라는 메시지를 사용자에게 호소하는 것이다. 이제 사람들은 살아가는 데 꼭 필요하진 않지만, 인생을 지금보다 풍요롭게 만들어줄 물건을 원하고 있다.

'디자인을 통한 혁신'을 주장한 밀라노 공과대학 교수 로베르토 베르간티Roberto Verganti는 "인사이드 아웃 방식으로 상품을 만들 때는 권투의 연습 경기처럼 스파링이 필요하다"고 말했다. 자신의 아이디어를 완성품으로 만들어 사람들 앞에 짠! 하고 내놓아봤자 이해받지 못하거나 생소하다는 이유로 거절당할 확률이 높다. 막연한 콘셉트와 시적인 메시지는 사람들에게 가닿기가 매우 어렵기 때문이다.

결국 상품은 순식간에 잊히고 아이디어를 현실화하는 작업은 더 이상 진전되지 못한 채 중단된다. 따라서 다짜고짜 자신의 생각을 밀어붙이기보다는 권투의 스파링처럼 사전에 사람들과 소통하는 것이 필요하다.

예를 들어, 자신이 구상한 새로운 상품의 콘셉트를 소셜 미디어에 올려본다. 그리고 구독자들의 반응과 댓글을 참고해서 상품의 구체적인 방향을 설계한다. 운동선수가 벽에 공을 튀기며 연습하듯이 프로세스를 공유하면서 아이디어를 구체화하면 막연하기만 했던 형태가 점점 명확해진다. 그 결과, 혼자서 시행착

오를 겪으며 상품이나 서비스를 완성했을 때보다 더 많은 사람에게 인정받는 결과물이 탄생하게 된다.

앞에서 프로세스를 공유하면 다른 사람이 모방할 위험이 있다고 말했다.

하지만 어떤 상품이든 기능이나 성능은 복제할 수 있어도 아이디어에 담긴 가치관이나 취향까지는 따라 하기 어렵다. 프로세스 이코노미에서 중요한 것은 '자신만의 취향'을 어떻게 전달하느냐다.

다음 장에서는 좀 더 구체적으로 프로세스 이코노미의 실천 방법을 살펴보도록 하자.

4장

프로세스 이코노미를 어떻게 실천할까?

#킥 스타터의 비극

#왜 #애플 #라쿠텐

#공감 #정글크루즈

프로세스에서 '왜'가 빠지면 쉽게 따라잡힌다

지금까지는 프로세스 이코노미의 중요성에 대해 설명했다. 이제부터는 프로세스 이코노미를 구체적으로 실행할 수 있는 실천 방안을 살펴보고자 한다.

프로세스 이코노미라고 해서 단순히 상품의 제작 과정만 공개하면 되는 것은 아니다. 프로세스를 공개할 때는 내 안에 있는 '왜Why', 즉 이 일을 하는 이유와 철학, 그리고 가치관을 남김없이 드러내야 한다.

초등학생에게 장래 희망을 물으면 연예인, 야구 선수, 축구 선수, 파티셰와 같은 인기 직업과 함께 유튜버가 상위에 오르는 시대다. 하지만 너 나 할 것 없이 유튜브나 인스타그램에 콘텐츠를 올리다 보니 평범한 인플루언서는 소셜 미디어 시장에서 살아남기 어렵게 되었다. 소셜 미디어의 사용자가 폭발적으로 증가한 지금은 사람이나 물건의 존재를 알리기조차 쉽지 않다. 일시적으로 팔로워나 구독자 수가 늘어난다 해도 경쟁자가 나타나면 열기는 금세 사그라든다. 소셜 미디어 시장은 레드오션 상태여서 유명 인플루언서도 머지않아 얼마든지 인기가 떨어질 수 있다.

몇천만 명이 유튜브나 소셜 미디어를 사용하는 상황에서는 '무엇What', 즉 아웃풋만으로는 차별화가 힘들다. 예를 들어 학습 콘텐츠라고 하면 작가 겸 유튜버인 니시무라 히로유키西村博之, 멘탈리스트 다이고DaiGo, 개그맨 출신 유튜버 나카타 아츠히코中田敦彦 등이 유명하다. 안 그래도 전쟁터 같은 환경에서 후발 주자들은 이러한 인플루언서들과 겨뤄서 이겨야 한다. 따라서 '무엇'만으로는 레드오션 시장에서 살아남기 어렵다.

두터운 지지층을 확보하려면 무엇만이 아니라 '어떻게How', 즉 이것이 어떤 방법으로 탄생했는지 보여줘서 관객의 시선을 끌어야 한다. 그리고 무엇보다 핵심은 왜 이 일을 하는지, 여기에 담긴 철학과 가치관은 무엇인지 등 '왜'를 말해야 한다.

일본의 전설적인 록 뮤지션 야자와 에이키치矢沢永吉를 떠올려보자. 그는 무대에 오르기 직전까지 다른 사람이라면 크게 신경 쓰지 않는 세세한 부분까지 철저하게 준비한다고 한다. 그의 프로다운 모습 이면에는 자신만의 철학이 묻어 있고, 팬들은 진솔한 그의 모습에 열광한다. 팬들에게는 야자와 에이키치의 일거수일투족이 모두 큰 가치를 지닌다.

'무엇'과 '어떻게'는 일정한 기준으로 측정 가능하며 우열도 가릴 수 있지만 '왜'는 그 사람만의 삶의 방식에 따른 것으로 고유성을 갖는다. 프로세스를 공개하면 내가 이 일을 하는 이유, 즉 나만의 철학을 팬들과 공유할 수 있다.

사용자가 넘쳐나는 소셜 미디어 시장은 경쟁이 극심해서 사람들은 점점 더 자극적인 내용을 다루거나 잘 팔리는 물건을 따라 해서라도 대중의 관심을 사려고 한다. 하지만 그럴수록 자신만의 고유성은 사라지고 어디에서나 흔히 볼 수 있는 물건으로 전락하는 동시에 정보의 바다에 가라앉고 만다. 그러므로 내 안에 있는 '왜'를 공개해서 숫자는 적을지라도 충성도만은 누구에게도 뒤지지 않는 지지층을 확보해야 한다.

만일 '왜'가 없다면 어떻게 될까. 미국의 대표적인 크라우드 펀딩 서비스 '킥 스타터Kick Starter'에는 매일같이 수많은 신상품이 소개된다. 하지만 상품이 출시된 지 2주가 지나면 기존 상품에 비해 성능은 조금 떨어지지만 가격은 반값인 유사품들이 중국에 대거 등장하기 시작한다.

나는 이러한 현상을 '킥 스타터의 비극'이라고 부른다. 킥 스타터의 비극은 프로세스에 '왜'가 빠지면 누구에게나 쉽게 따라잡힐 수 있음을 보여준다. 게다가 모방품들은 훨씬 저렴한 가격으로 시장에 나오니 원제품은 가격경쟁력에서도 뒤처진다. 이것이 우리가 프로세스 이코노미를 실천할 때 반드시 '왜'에 집중해야 하는 이유다.

공감 가는 고민과 철학으로
팬을 확보하라

프로세스 이코노미를 실천할 때 필요한 요소인 '무엇·어떻게·왜'는 전통문화를 이어오는 장인들의 '정신력, 기술, 체력'을 가리키는 말인 '심기체心技體'와도 맞닿는다. 장인들은 기술(How·技)과 체력(What·體)은 물론이고 정신력(Why·心)까지 두루 갖추고 있다. 심기체가 일치된 장인만이 시대를 뛰어넘는 감동을 선사할 수 있기 때문이다. 그들은 오랫동안 기술을 익히고 단련한 덕분에 자연스럽게 심기체를 고루 발달시킨다.

몇백 년이라는 긴 세월 동안 전해진 장인의 예술 작품과 기술을 일반인이 이해하기란 어렵다. 그 분야에 웬만큼 정통한 사람이 아니고서야 그들의 예술 세계를 온전히 파악하기는 쉽지 않기 때문이다. 그럼에도 기술(How)과 체력(What)의 근본이 되는 정신력(Why)이 예술 작품의 밑바탕에 깔린 덕분에 긴 세월 동안에도 전통문화는 꿋꿋이 명맥을 이어올 수 있었다.

NHK의 〈프로페셔널─일의 방식〉이나 MBS의 〈정열대륙〉 같은 방송 프로그램은 장인의 정신력을 다큐멘터리 형식으로 촬영하여 대중들에게 알기 쉽게 전달하면서 큰 인기를 끌었다. 일반인들은 보통 전문가의 최종 아웃풋이나 기술만 확인할 수 있다. 작품이 완성되는 동안 품었던 인간으로서의 고민과 철학은 밖으로 잘 드러나지 않기 때문이다. 위의 방송에서는 바로 이 부분에 카메라의 렌즈를 들이밀었다. 장인들이 일하는 과정을 보면서 시청자는 비로소 그들의 예술 세계를 진정으로 이해하고 그들이 만들어낸 작품에 더욱 반할 수 있었다.

고객들이 전문적인 기술이나 작품의 우열을 판가름하기는 어렵다. 하지만 한 인간으로서의 고민과 철학에는 충분히 공감할 수 있다. 새로운 고객과 팬을 확보하기 위해서 프로세스 이코노미를 활용할 때 반드시 '왜'에 집중해야 하는 이유이다.

스티브 잡스가 말하는
애플의 '왜'

스티브 잡스의 애플은 '왜'를 강조해 세계시장에 혁명을 일으켰다. '당신도 달라질 수 있다. 당신이 달라지기 위한 무기를 내가 주겠다'라는 잡스의 메시지는 많은 사람의 가슴에 감동을 전했다.

'심기체'를 애플에 적용하면 '체體'는 맥북이나 아이폰과 같은 상품을, '기技'는 애플의 기술을, '심心'은 잡스의 메시지라고 할 수 있다. 잡스는 프레젠테이션으로 자신들의 상품과 기술의 매력뿐 아니라 애플이라는 기업이 가진 '정신'을 선명하고 강렬한 언어로 표현해냈다. 다음은 애플의 정신을 나타내는 대표적인 문장이다.

"우리는 열정을 가진 사람들이 세상을 지금보다 좋게 만들 수 있다고 믿습니다(We believe people with passion can change the world for the better)."

이 메시지는 '다르게 생각하라Think Different'는 캐치프레이즈로 유명한 애플 광고에서 잡스가 한 말이다. 1997년 도산 위기에 빠진 애플로 돌아온 잡스는 이 메시지를 내걸고 브랜드를 다시 일으키기 위해 노력했다. 이를 공개하기 전에 잡스가 애플의 직원들에게 전한 약 7분짜리 영상에서 그는 가장 성공적인 마케팅 사례로 '나이키'를 꼽았다.

> 마케팅은 우리에게 그 무엇보다 중요합니다.
>
> (중략)
>
> 여러 사례 중에서 가장 훌륭하며 세계가 주목한 최고의 마케팅은 나이키 광고입니다. 한번 떠올려보세요. 나이키는 생활용품을 파는 회사입니다. 주로 운동화를 팔죠.
>
> 하지만 나이키를 떠올렸을 때 우리는 단순한 신발 회사 이상을 생각합니다. 나이키는 광고에서 상품에 대해서는 언급하지 않습니다. 에어솔로 만든 신발 바닥이 얼마나 뛰어난지 리

복의 운동화보다 나이키의 운동화가 얼마나 더 훌륭한지는 말하지 않죠.

그렇다면 나이키가 광고에서 보여주는 것은 무엇일까요. 그들은 광고를 통해 뛰어난 스포츠 선수를 칭송하며 스포츠의 위대함을 찬양합니다. 스포츠가 나이키 자체이자 존재의 이유이기 때문입니다.

말하자면 스포츠 그 자체나 인간이 가진 몸의 훌륭함을 찬양하는 것이 나이키의 핵심 가치이자 그들의 '왜'인 것이다.

이에 비해 잡스가 애플의 핵심 가치로 내세운 것은 앞서 말한 "우리는 열정을 가진 사람들이 세상을 지금보다 좋게 만들 수 있다고 믿습니다"라는 메시지였다.

'애플'은 사람들이 일할 때 쓰는 상자를 만들기 위해 존재하는 곳이 아닙니다. 물론 그것은 우리가 잘하는 일이지요. 경우에 따라서는 우리가 다른 곳보다 훨씬 잘한다고 말할 수도 있습니다. 하지만 애플이 존재하는 이유는 그것만이 아닙니다.

애플의 중심에 있는 핵심 가치는 "열정을 가진 사람들이 세상을 지금보다 좋게 만들 수 있다"는 것입니다. 이것이 우리가 믿고 있는 가치죠.

실제로 우리는 세상을 더 좋은 방향으로 이끄는 사람들과 함께 일하는 행운을 누렸습니다. 바로 당신과 소프트웨어 개발자, 고객 들입니다. 그들은 때로는 큰일을, 때로는 작은 일을 해냈습니다.

우리는 믿습니다. 사람들이 세상을 더 좋은 방향으로 이끌어갈 수 있다는 사실을요. 그리고 자신이 세상을 바꿀 수 있다고 믿는 미친 사람만이 실제로 세상을 바꿀 수 있다는 사실을 말입니다.

애플은 열정을 가진 사람을 응원한다. 그런 사람과 함께 모험을 계속한다. 애플의 이러한 '정신'에 공감한 사람은 한번 아이폰을 사용하면 계속해서 아이폰 시리즈를 구매한다. 아이폰 사용자는 상품(體)이나 기술(技)이 아닌 '정신(心)'의 가치에 돈을 지불하기 때문이다.

2011년 10월 잡스가 세상을 떠난 지 벌써 10년이 지났다. 아이폰 사용자들은 아직 잡스가 남기고 간 향기에 취해 있지만,

이제 서서히 '아이폰에는 예전과 같은 혁명은 없다'는 점을 깨닫기 시작했다. 잡스가 떠난 뒤 애플에는 훌륭한 상품과 최첨단 기술의 바탕에 있는 '정신'을 어떻게 전달해야 할지가 숙제로 남아 있다.

최고의 브랜드
'종교'에서 배운다

프로세스 이코노미에서 가장 중요한 부분은 '왜'를 어떻게 전달하느냐다. 잡스처럼 카리스마 있는 리더가 떠난 뒤에도 애플이 지켜온 '왜'를 이어가려면 어떻게 해야 할까? 최고의 브랜드라고 불리는 종교에 그 해답이 있다.

기독교의 성경도, 불교의 경전도 예수나 부처가 직접 쓰지는 않았다. 예수나 부처가 살아 있는 동안에는 입에서 입으로 가르침이 퍼져나갔다. 어느 순간 그 가르침을 지혜로운 제자 몇몇이 문서로 기록했다. 교주나 창시자가 직접 전한 가르침과 신자들에게 몸소 보여준 그들의 삶을 몇백 년, 몇천 년이 지나도 되새길 수 있도록 경전으로 남긴 것이다.

이와 관련해 기독교나 불교 같은 세계적인 종교가 위치를 다져온 방식을 다음과 같이 몇 단계로 정리할 수 있다.

첫 번째 단계는 교주가 살아 있던 초기 시대다(컬트Cult). 두 번째 단계는 교주가 가지고 있던 정신, 즉 '왜'를 전도자나 선교사가 언어화하는 시기다(섹트Sect). 그리고 마지막 단계는 '왜'를 직접 체험하는 교회의 시대다(교회Church). 여기까지 오면 의도적으로 퍼뜨리지 않아도 자연스럽게 '왜'가 전승된다.

다만, 경전은 글을 읽을 수 있는 사람에게만 전달될 수 있었다. 글자를 못 읽는 사람이 많은 지역에서는 경전을 읽는 것만으로는 선교가 제대로 이루어지지 않는다. 그래서 선교사들은 이들을 위해 종교의 '왜'를 일상에서 손쉽게 접할 방법을 찾았다. 그것이 바로 교회에서 부르는 성가다.

성가를 들으면 가사 안에 담긴 경전의 중요한 메시지를 자연스럽게 깨우치게 된다. 특히 가스펠 곡은 모두 함께 음정을 맞춰 합창하면 공간 안에 소리가 울리면서 마치 하늘에서 내려오는 천사의 목소리처럼 웅장하게 들리도록 작곡된다. 대중음악보다 한 옥타브 정도 높은 음으로 작곡되어 가성으로 부르는 경우가 많다 보니 소리가 교회 내부의 벽에 부딪혀 천장에서 아래로 울려 퍼지면 마치 신의 목소리를 듣는 듯한 착각마저 든다.

이때 앞에서 말한 시스템 1인 감정적 사고와 시스템 2인 논리적 사고 중 어느 것이 자극받을까? 대부분의 사람은 감정적 사고에 의해 직관적으로 마음이 움직이게 된다.

노래하고 춤추고 모두 함께 축제를 즐기는 과정에서 종교는 자신의 '왜'를 전승해왔다. 이것이 종교가 몇천 년 동안 수많은 사람에게 사랑받은 비법이다.

사람들은 '무엇'이 아니라 '왜'에 지갑을 연다

프로젝트를 추진하거나 새로운 일을 기획할 때 반드시 '왜'를 공유해야 한다는 개념이 있는 것과 없는 것만으로도 큰 차이가 발생한다. '왜'를 의식하지 않으면 우리 머릿속에 들어 있는 의도는 결코 상대방에게 전달되지 않기 때문이다.

따라서 우리는 처음부터 명확하게 '왜'를 설정해두어야 한다. 이 중요성을 설명한 18분짜리 영상을 참고해보자. 작가 사이먼 사이넥Simon Sinek의 TED 강연 영상이다. 유튜브에 〈위대한 지도자들은 어떻게 행동을 이끌어내는 영감을 줄까〉라고 검색하면 쉽게 찾을 수 있다. 참고로 TED는 'Technology, Entertainment, Design'의 앞글자를 따서 만든 이름으로, 각계의 유명 인사들이 출연해 강연하는 지식 공유 플랫폼이다.

사이넥은 이 강연에서 다음과 같은 질문을 던지면서 끈질기게 '왜'의 중요성을 반복해서 강조한다.

> **"애플은 왜 창조적이며, 다른 회사와는 달리 뭔가가 있는 것처럼 보일까요?"**
>
> **"마틴 루서 킹은 어떻게 인권 운동을 이끌 수 있었을까요?"**
>
> **"라이트형제는 왜 다른 누구보다 빨리 유인 동력 비행기를 만들 수 있었을까요?"**

그러면서 사이넥은 결론적으로 기존의 사고방식에서 벗어나 프로세스로 사람들과 '왜'를 공유하는 데 힘을 쏟아야 한다고 주장했다.

> **"사람들은 '무엇'에 돈을 쓰지 않습니다. 그들은 '왜'에 지갑을 엽니다."**

처음 이 강연은 미국의 작은 시골 마을에서 개최된 TEDx에서 공개되었다. TEDx란 테드 본사의 승인을 받아 독자적으로 이루어지는 소규모 지역 강연회다. TEDx 강연이 큰 반향을 불러일으키자 그는 2년 뒤에 이 내용을 책으로 출간했고, 5년 뒤에는 TED 본사에서 강연하게 되었다.

사이넥의 강연에서 우리는 두 가지 사실을 알 수 있다. 하나는 사람은 강력한 콘셉트, 다시 말해 '왜'에 큰 영향을 받는다는 사실이다. 그리고 또 하나는 정답이 보이지 않을수록 사람들에게 '왜'를 이해시키는 것이 중요하다는 사실이다. 사이넥은 그의 강연 자체를 하나의 '왜'로 만들어 사람들의 공감을 이끌어내며 깊은 인상을 남겼다.

라쿠텐 인기 가게의
3가지 법칙

지금까지는 프로세스를 공유할 때 무엇보다 '왜'가 중요하다
는 점을 이야기했다. 여기서는 '왜'를 현실에서 실천하기 쉽도록
구체적인 사례를 소개한다.

온라인 쇼핑몰 라쿠텐에는 수많은 점포가 입점해 있다. 그 가
운데 인기 가게를 분석해보니 잘 팔리는 곳에는 세 가지 특징
이 있었다. 이것은 우리가 추구해야 할 '왜'의 핵심 요소를 선명
하게 드러내는 사례이자 '왜'를 고려하면서 일을 했을 때 나타나
는 특징이기도 하다.

• 법칙1. 나만의 고집이 있는 소규모 이익집단

→ "이 가게 사장님에게는 독특한 개성과 집념이 있다"

- 법칙2. 고객과의 약속을 반드시 지키는 사명감

  → "이 가게는 일을 허투루 하지 않는다"

- 법칙3. 작은 실패를 공개하여 약점 드러내기

  → "이 가게의 약점을 보완해주고 싶다"

사실 인터넷으로 저렴한 물건을 빨리 사고 싶다면 라쿠텐보다는 아마존이 훨씬 편리하다. 그럼에도 아마존이 아닌 라쿠텐에서 물건을 사는 사람은 어떤 매력에 이끌린 것일까?

라쿠텐은 "쇼핑은 엔터테인먼트다"라고 말한 미키타니 히로시三木谷浩史 회장의 기조에 따라 개성 있는 점포들을 입점시키며 차별화 전략을 내세웠다.

라쿠텐에서 사람들은 무미건조한 쇼핑이 아니라 마치 시장에서 가게 주인에게 상품에 대한 설명을 직접 듣는 것처럼 자신이 원하는 물건을 알아가는 경험을 한다. 품질이나 가격보다는 가게의 '왜'에 매력을 느껴 물건을 사는 이런 행위야말로 프로세스 이코노미에 딱 들어맞는 소비다.

라쿠텐 인기 가게의 첫 번째 키워드는 '소규모 이익집단'이다. 라쿠텐에는 와인에 열광하는 가게 주인들이 있다. 그들은 질 좋은 와인에 인생이라도 건 듯 최선을 다해 와인을 사들인다. 운이 좋으면 아직 알려지지 않은 귀한 칠레 와인을 라쿠텐에서 저렴한 가격에 살 수 있다. 그 과정에서 다른 가게에서는 보기 어려운 그 가게만의 집념과 고집을 체험할 수 있다. 고객들은 주인의 마니악한 특성과 집념, 고집을 엿보면서 "이 가게의 와인은 흥미로워 보여서 사고 싶다"며 관심을 갖는다.

두 번째 키워드는 '고객과의 약속'이다. 칠레 와인에 정통한 주인은 정직하고 진지하게 와인 수입업자들과 거래한다. 또한 와인의 품질이 조금이라도 변질되지 않도록 포장에도 공을 들여서 최선을 다해 배송한다. 주인의 사명감이 고객에게 전달되면 "이 가게는 일을 허투루 하지 않는다"는 이미지가 생긴다. 그때부터 단순한 관심이 무한한 신뢰로 바뀌어 나간다.

예전에 아키하바라는 전 세계를 통틀어 보기 드물 정도로 어마어마한 규모의 전자 상가가 밀집한 곳이었다. 마니악한 고객들의 어떤 요구에도 응해줄 수 있을 만큼 다양한 전자 부품 가게가 즐비했다. 가게 직원에게 슬쩍 물어보면 "아, 그건 앞 건물 3층에 가서 진공관에 대해 잘 아는 스피커 장인에게 물어보면 돼요"라고 알려줄 정도였다.

말하자면 아키하바라에는 나만의 집념과 고집으로 마지막까지 고객의 필요를 챙겨주는, 그래서 사랑할 수밖에 없는 '덕후' 주인이 많았다. 그러한 가게들이 모인 덕분에 단순히 손님과 주인이라는 무미건조한 관계에서 벗어나 열정 가득한 커뮤니티를 형성할 수 있었다.

라쿠텐 인기 가게의 세 번째 키워드는 '약점 드러내기'다. 라쿠텐에서 상품을 사면 이후에 메일로 매거진이 발송된다. 메일 매거진을 구독하고 싶어 하지 않는 경우에는 상품을 배송할 때 책자나 편지를 동봉해주기도 한다. 여기에는 가게 주인이 장사를 하면서 겪은 실수담이나 뒷이야기가 담겨 있다.

고객은 와인을 마시면서 "좀처럼 마음에 드는 와인을 찾지 못해 가게가 경영난에 빠지고 말았죠. 하지만 포기하지 않고 최선을 다한 끝에 드디어 바라던 와인을 손에 넣게 되었습니다"와 같은 에피소드를 안주 삼아 읽는다. 이로써 고객들은 '이 사람은 보통 사람이라면 굳이 신경 쓰지 않는 부분까지 꼼꼼하게 챙기는구나' 혹은 '이 사람은 장사는 잘 못하지만 신념은 있군'이라고 생각하면서 가게 주인에게 인간미를 느낀다.

주인이 자신의 약점과 실패를 드러내는 것을 계기로 고객과 주인은 같은 프로세스를 걷는 동료로 관계가 전환된다. 그러면 고객은 '내가 더 많이 주문해줘야지. 그럼 다음에 또 좋은 와인을 구해 오겠지' 하고 주인을 응원하게 된다. 이처럼 가게 주인에게 인간미를 느낀 고객은 그 가게의 더욱 열렬한 팬이 된다.

이 과정에서 고객들은 라쿠텐에 접속하면 자신의 독특한 기호를 만족시켜주는 재미있는 가게가 있다고 믿게 된다. 또 그 가게를 기꺼이 지원해주고 싶어 한다. 쇼핑이라는 행위에만 머무르지 않고 가게 주인의 진심이 담긴 프로세스를 함께 즐기는 것이다. 물건에 대한 애정을 뛰어넘어 인간적인 관계성까지 쌓는 것이야말로 진정한 프로세스 이코노미다.

기술 개발에 목숨을 걸거나 가격경쟁에 지나치게 몰두하기보다는 이제 소소하더라도 의미 있는 일을 하는 사람이 이긴다. 라쿠텐의 인기 가게를 분석해보면 '왜'에 집중함으로써 프로세스 이코노미로 살아남는 방법을 찾을 수 있다.

열정적으로 공감하게 하라

진심으로 '왜'에 몰두하는 사람을 보면 주변 사람들은 그에게 공감하고 또 그를 응원하고 싶어진다. 이것이 프로세스 이코노미의 묘미다.

이때 명심해야 할 것은 '공감'에는 Sympathy와 Compassion이라는 두 종류의 마음이 있다는 사실이다. 영어 Sympathy와 Compassion은 둘 다 공감으로 번역되지만, 실제 의미에는 미묘한 차이가 있다.

Sympathy는 풀어보면 '동시에 일어나는(Synchro) 감정(Pathy)'이라는 뜻이다. 가끔 인터넷에 "편의점 아르바이트 중인데요, 실수로 주먹밥을 너무 많이 주문해버렸어요. 어쩌죠? 도와주세요!"라고 올렸더니 많은 사람이 편의점에 와서 주먹밥을 사주었다는 류의 이야기가 화제에 오른다. 이처럼 곤경에 처한 사람을 발견하면 대부분의 사람은 그를 동정하며 호의를 베푼다. 한 개인이 시작한 응원이 작은 무리를 이루고 점점 많은 사람이 모이면서 하나의 축제처럼 바뀌는 것이다.

이러한 움직임은 일시적인 공감과 응원을 불러 모은다. 하지만 이는 단발성으로, 대체로 오래가지는 않는다. 다음 날에도, 또 다음 날에도 도움을 요청한다면 사람들은 점점 그를 외면할 것이다.

한편 Compassion은 '~와 함께'라는 뜻의 Com과 '불타오르는 열정'을 의미하는 Passion이 합쳐진 말이다. Passion은 깊이 들어가면 '십자가에 매달린 예수의 수난'이라는 무거운 뜻도 갖고 있다. 예수는 머지않아 골고다 언덕에서 처형당하리라는 것을 알면서도 뜻을 굽히지 않음으로써 세상을 구하겠다는 확신이 있었다. 그래서 그는 목숨까지 걸고 신념을 지켜냈다.

이처럼 열정적으로 "나의 몸은 재가 될지라도 뜻만은 실현하고 싶다"라고 말하는 사람이 있으면 함께 걷겠다고 말해주는 사람, 즉 프로세스를 도와줄 동료가 나타난다.

이런 과정에서 탄생한 공감은 오래도록 지속된다.

    프로세스 이코노미에서는 '공감'이 매우 중요한 요소인 만큼 구체적으로 어떤 종류의 공감을 사람들에게 줄 수 있는지 고민 할 필요가 있다.

고객에게
어떤 역할이든 맡겨라

4장을 마무리하면서 고객과 프로세스를 공유하는 두 가지 유형에 대해 설명하려고 한다. 바로 '정글 크루즈형'과 '바비큐형'이다.

디즈니랜드에 있는 '정글 크루즈'라는 놀이기구는 관람객 사이에서 인기가 매우 높다. 여러 명이 작은 배를 타고 정글을 여행하는 콘셉트인 이 놀이기구는 탑승자 한 명 한 명을 함께 모험하는 동료로 설정한다. 선장이 "오른쪽에서 총알이 날아온다! 뒤에서도 오고 있다!"라고 외치면 한 배에 탄 사람들은 다같이 요란을 떨며 탐험의 최전선에 있는 듯 행동한다.

프로세스 이코노미로 모인 사람들도 이와 같은 두근거림을 느낀다. 세상을 변화시킬 서비스나 한 번도 본 적 없는 즐길거리를 만들겠다는 꿈을 위해 총알이 없는 전쟁터에서 선장의 지도하에 모험을 떠나는 것이다. 이것이야말로 프로세스 이코노미가 지닌 가장 큰 가치다.

하나의 목적을 달성하기 위해 한 사람 한 사람이 각자 맡은 일에 충실하게 몰두하는 '바비큐형' 프로세스 이코노미도 있다. 바비큐 파티에서는 다양한 유형의 사람이 모두 파티에 참여하도록 곳곳에 필요한 역할을 고르게 분배해둔다. 직접 고기를 굽는 사람이 있는가 하면, 매캐한 연기를 참아가며 장작에 불을 붙이는 사람도 있다. 채소를 깨끗하게 씻고 먹기 좋은 크기로 잘라 준비해줄 사람도 필요하고, 다 같이 배불리 먹고 난 후에 정리하는 사람도 있어야 한다. 일은 안 하더라도 술을 마시며 분위기를 띄워주는 역할을 하는 사람도 있다.

바비큐 파티는 돈을 내고 일을 한다는 점에서 지극히 프로세스 이코노미적인 체험이다. 여기에서 핵심은 프로세스 안에 여러 가지 크고 작은 역할이 준비되어 있어 모든

사람이 즐겁게 참여할 수 있다는 것이다.

레스토랑에서 스테이크를 먹을 때는 요리사가 직접 고기를 구워주기 때문에 다른 사람이 끼어들 틈이 없고, 당연히 커뮤니티도 형성되지 않는다. 이런 점에 주목하여 프로세스 이코노미를 바비큐형으로 이끌어가려면 작은 역할을 두루 준비해서 모든 사람이 빠짐없이 참여할 여지를 만들어두는 것이 중요하다.

작가 매니지먼트 회사 코르크^{Cork}의 대표 사도시마 요헤이^{佐渡島庸平}는 사람을 끌어모으려면 우선 커뮤니티의 구성원이 "나도 여기 있어도 된다"라고 느끼도록 하는 것이 중요하다고 말했다.

이때 가장 간단한 방법은 구성원에게 역할을 주는 것이다. 가령 학교에 전학생이 왔을 때 아무런 역할도 주지 않으면 어색해하며 적응하는 데 어려움을 겪을 것이다. 하지만 선생님이 물고기에게 먹이 주는 일을 맡아달라며 역할을 부여해주면 다른 학생들처럼 "나도 여기 있어도 된다"고 생각하고 소속감을 느끼게 된다. 다시 말해 커뮤니티를 만들기 위해서는 구성원 모두가 맡을 다양한 역할을 준비해두어야 한다는 뜻이다.

이처럼 프로세스 이코노미를 만들어가는 방법에는 선장의 지시에 맞춰 함께 모험을 떠나는 '정글 크루즈형'과 모든 사람이 직접 프로세스를 만들며 역할을 두루 맡는 '바비큐형' 두 가지 유형이 있다.

　드디어 다음 장에서는 프로세스 이코노미를 잘 활용하고 있는 사례들을 살펴볼 것이다. 이를 참고해서 자신의 '왜'를 전달할 때는 어떤 유형이 맞을지 생각해보자.

5장

커뮤니티를 지배하는 자가
승리한다

#BTS #샤오미

#클럽하우스 #자포스

#오피스 아워

BTS가 세계 시장을 석권한 이유

2018년 BTS는 미국 빌보드 차트 앨범 부문에서 1위를 차지했다. 2019년부터 3년 연속 그래미 어워즈에 게스트로 초대받았고, 2021년과 2022년에는 후보에까지 이름을 올렸다. 월드 투어도 연달아 매진시키는 등 이제는 명실상부한 세계적인 톱 아티스트가 되었다.

BTS를 대표로 하는 케이팝이 세계적인 엔터테인먼트 콘텐츠로서 성공할 수 있었던 이유는 무엇일까?

이는 하버드 비즈니스 스쿨에서 연구 논문이 나올 정도로 주목받는 주제이기도 하다. 그 배경 중 하나는 프로세스 이코노미적인 발상이다. 케이팝은 팬들과 프로세스를 공유하면서 세계적인 콘텐츠로 성장할 수 있었다.

BTS의 팬클럽 '아미ARMY'는 종종 크라우드 펀딩으로 특정 도시를 대표하는 빌딩이나 눈에 띄는 장소에 자비로 BTS의 광고를 내건다. 일반 사람들이 돈을 모아 거액의 광고를 의뢰하는 것이다. 그 광고에는 BTS 멤버 일곱 명의 사진이 사용되지만, 소속사에서는 이에 대해 제재를 가하지 않는다.

유튜브에 BTS의 곡을 커버해서 올리거나 댄스 영상과 함께 코멘트를 달아서 업로드하는 팬들도 많다. 덕분에 팬들은 BTS의 춤을 연구하고 어떻게 하면 더 완벽하게 따라 할 수 있는지 꼼꼼하게 분석해서 영상을 제작한다. 이처럼 BTS를 자발적으로 응원하고 홍보하는 세컨드 크리에이터들의 활약에 힘입어 그들의 인기 역시 계속 커져갔다.

BTS의 소속사 빅히트 엔터테인먼트(현재의 하이브)는 마치 선교사들이 종교를 퍼트리듯이 미개척지에 케이팝의 매력을 알릴 세컨드 크리에이터들의 활동을 지지했다. 전형적인 프로세스 이코노미 방식으로 아미를 한곳으로 모았고, 전 세계 여러 나라에서 팬들의 연대를 확장해갔다.

또한 BTS의 노래에는 마음을 울리는 철학적인 내용이나 사회적인 뜻으로도 해석 가능한 노랫말이 많이 쓰였다. 그저 즐겁게 따라 부르고 춤을 추며 행복해하기만 하는 것이 아니라 흥얼거리는 와중에 "어? 이거 내 얘기잖아?" 혹은 "이거 내가 사는 사회가 안고 있는 문제구나"와 같이 공감하게 되는 경우가 많다. 말하자면 BTS의 '왜'가 팬들 한 사람 한 사람의 인생 스토리에 깊이 스며드는 것이다.

이렇게 프로세스를 공유하면서 BTS와 팬들은 함께 삶을 걸어가는 동반자가 된다. BTS가 전 세계를 강타한 것은 결코 우연의 산물이 아니다. 오랜 시간 촘촘한 계획으로 이루어진 필연적인 결과다.

쟈니스 사무소의
치밀한 팬 전략

일본의 연예 기획사 '쟈니스 사무소'도 오래전부터 프로세스 이코노미 전략을 활용해 아티스트를 육성해왔다. 전 국민적인 유명 아이돌 그룹 스맙SMAP이나 아라시嵐의 멤버들은 어느 날 '짠' 하고 나타나지 않았다. 어려서부터 기획사의 계획에 따라 말 그대로 '기획'됐다.

쟈니스 사무소에 들어온 연습생들은 우선 '쟈니스 주니어'에 소속되고 이미 데뷔한 그룹의 백업댄서로 활동하면서 얼굴을 알린다. 데뷔를 꿈꾸며 노력하는 연습생들의 프로세스를 무명 시절부터 봐온 대중은 점점 그들의 팬이 된다. 더욱이 쟈니스 사무소에서는 팬들이 연습생들의 데뷔를 기다리고 있다는 사실을 잘 알고 있다. 그렇게 인지도와 인기가 점점 올라가고 팬들의 기다림이 정점에 달하면 사무소에서는 드디어 그들에게 데뷔할 기회를 준다.

쟈니스 사무소에 소속된 가수가 콘서트를 열면 1만~2만 명을 수용할 수 있는 아레나나 3만~5만 명이 들어갈 수 있는 돔 경기장이 팬클럽 회원만으로도 꽉 찬다. 그렇지 않아도 열정이 가득한 팬들만 모이는 콘서트장에 쟈니스 사무소의 초대 사장 쟈니 기타가와ジャニー喜多川가 또 하나의 전략을 숨겨놓았다는 이야기도 있다. 콘서트장에서 근처에 앉았던 사람들이 돌아가는 전철에서 마주칠 수 있도록 티켓을 배분한다는 것이다.

콘서트를 보고 그 여운에 잠겨 집으로 가는 길에 방금 전까지 콘서트장에서 함께 소리 지르던 사람이 쟈니스의 굿즈를 들고 앉아 있는 걸 본다면 어떨까? 두 사람은 "오늘 그 무대 정말 최고였죠?"라며 자연스럽게 이야기를 나누며 취향을 공유한 친구가 된다. 팬들끼리 같은 스토리를 공유하면서 새로운 커뮤니티가 탄생하는 것이다.

콘서트 티켓을 이렇게까지 전략적으로 배분한다는 소문을 어디까지 믿어야 할지는 모르겠지만, 적어도 팬들을 매우 중요하게 여기는 쟈니스 사무소와 잘 어울리는 전설이라는 것만은 틀

림없다. 또한 이 소문을 프로세스 이코노미의 관점에서 보면 팬을 확보하기 위해 어떻게 전략을 세우고 실행하면 좋을지에 관한 힌트를 얻을 수도 있다.

지금처럼 영상 서비스와 온라인 커뮤니티가 활성화되기 전부터 같은 아이돌을 좋아하는 팬들은 함께 음악을 들으면서 공통의 관심사를 끊임없이 주고받았다. 그렇게 알음알음으로 열정을 조금씩 키워오다 콘서트라도 가게 되면 숨겨 왔던 열기를 그곳에서 폭발시킨다. 쟈니스 사무소는 이와 같은 아이돌 팬들의 특성을 파악하여 아주 오래전부터 프로세스 이코노미 전략을 효과적으로 활용해왔다.

음악을 무료로 듣는 세상이 오면서 사람들은 음악 시장이 축소될 것이라고 예상했다. 하지만 현실은 그렇지 않았다. 희소성이 높은 라이브 방송과 콘서트 시장의 매출은 최근 10년 새 두 배로 성장했다.

콘서트장에서 '굿즈'라고 불리는 한정판 상품을 팔아 얻는 수익은 티켓 판매 수익과 맞먹을 정도다. 아이돌의 이미지가 새겨진 굿즈가 불티나게 팔리는 것이다. 또한 인터넷 라이브 방송이나 유튜브 채널에서 연습 영상이나 일상생활을 공유하며 수익을 얻는 아티스트도 늘고 있다.

코로나19 팬데믹으로 엔터테인먼트 시장은 큰 타격을 받았지만, 이 위기를 넘기면 라이브 콘서트에 굶주려 있던 사람들이 또다시 콘서트장으로 몰려들 것이다. 유튜브 등의 발달로 아웃풋이 무료에 가까워지더라도 아티스트의 창작 활동을 응원하는 프로세스 이코노미가 팬들의 열기를 올려주는 덕분에 프로세스만으로도 돈을 벌 수 있는 사회가 된 것이다.

샤오미,
미팬과 만드는 꿈의 스마트폰

엔터테인먼트 업계뿐 아니라 일반 기업에서도 프로세스 이코노미 방식을 다양하게 활용하고 있다. 2010년 중국에서 설립된 디지털 기기 회사 '샤오미'가 그 전형적인 예다.

샤오미는 삼성과 애플에 이어 세계 스마트폰 시장에서 점유율 3위를 차지했다(2021년 출고량 기준). 샤오미의 스마트폰은 1억 화소가 넘는 카메라가 달렸는데도 40만~50만 원대로 다른 스마트폰에 비해 저렴하게 살 수 있다는 것이 가장 큰 강점이다.

합리적인 가격으로 스마트폰을 생산해내려면 삼성이나 애플의 스마트폰이 지닌 기능을 모조리 갖추려 하기보다

는 꼭 필요한 부분만 취사선택할 필요가 있다. 그래서 샤오미는 자신들에게 가장 적합한 스마트폰이 뭔지 고민한 끝에 소프트웨어보다는 하드웨어에 집중하는 전략을 선택했다.

샤오미에서는 자사의 상품을 좋아해주는 팬들을 '미팬^{Mi Fan}'이라고 부르며 소중히 여긴다. 미팬이 모인 미 커뮤니티의 회원은 1000만 명에 가까운데, 샤오미는 이곳에 출시를 기획 중인 상품의 정보를 공개해서 팬들의 의견에 적극적으로 귀를 기울인다. 새롭게 업데이트되는 정보가 있으면 이곳에서 팬들에게 공개한다. 팬들의 요청이 많았던 아이디어를 반영해서 사용자들과 함께 꿈의 스마트폰을 만들어가는 것이다. 이 과정에 참여했던 사람들은 발매 전부터 잠재 고객이 된다.

이와 같은 방식은 '입소문을 만드는 철의 삼각'이라고 불리는 샤오미의 기본 전략을 따른 것이다. 철의 삼각이란 '제품, 커뮤니티, 정보 콘텐츠'라는 세 가지 요소 간의 협력 관계를 일컫는다.

입소문을 만드는 철의 삼각

프로세스	기능	역할
제품	엔진	최대한 기능을 세련되게 만들어서 사용자로부터 좋은 평가를 받는다
커뮤니티	가속기	더 많은 사용자가 팬이 될 수 있는 구조를 만들어 활용한다
정보 콘텐츠	관계성 연쇄	화젯거리를 만들어서 정보가 더 많은 사람에게 퍼져나가도록 한다

▶ 샤오미는 설립 초기부터 '참여감'을 강조했다. 샤오미 창립자 레이쥔 회장은 기획·생산·마케팅 전 과정에 고객이 참여하는 전략을 수립하고 이를 구성하는 3요소를 가리켜 '입소문을 만드는 철의 삼각'이라고 불렀다.

먼저 제품 면에서는 디자인은 예쁘고 가격은 합리적인 제품을 만들겠다는 계획을 세운다. 그런 다음 제작 과정 전부를 커뮤니티에 공개한다. 마지막으로 유익하면서도 흥미로운 정보 콘텐츠를 꾸준히 공유하고, 사용자의 의견도 적극적으로 제품에 반영한다. 그 결과 제품이 발매될 즈음 커뮤니티 회원들은 이미 그 제품을 사랑하는 샤오미 팬이 되어 자연스럽게 구매까지 이어진다. 그야말로 프로세스 이코노미의 전 과정을 그대로 보여주는 예라 할 수 있다.

중고 거래 플랫폼에서는
채소를 팔아라

중고 거래 플랫폼에서 판매되는 상품은 중고품이나 필요 없어진 물건만이 아니다. 트렌드에 발 빠른 농가에서는 중고 거래 플랫폼을 산지 직송 판매처로 활용하기도 한다. 농가에서 재배한 신선한 채소나 과일을 저렴한 가격으로 고객에게 직접 배달하는 것이다.

중고 거래 플랫폼을 활용한 농산물 직거래에는 두 가지 이점이 있다. 첫째, 고객과 직거래하기 때문에 값을 저렴하게 책정할 수 있다. 중간 업자를 거쳐 농산물을 팔면 유통업자들과 이익을 나눠야 한다. 슈퍼마켓이나 과일 가게에서는 임차료를 부담해야 하고 전기요금, 인건비도 필요하다 보니 당연히 농가에 떨어지는 이익은 줄어들 수밖에 없다. 하지만 농가가 중고 거래 플랫폼으로 고객에게 직접 판매하면 중간 업자에게 들어가는 비용이 사라진다. 포장비나 배송료 등을 감안하더라도 충분히 수익을 올릴 수 있는 구조다.

프로세스 이코노미의 측면에서는 두 번째 이점이 더 중요하다. 플랫폼 덕분에 생산자와 고객 사이에 직접적인 연결고리가 생기기 때문이다. 꾸준히 상품을 구매하는 단골손님이 늘다 보면 농가에 응원을 보내는 팬 커뮤니티가 만들어질 수도 있다.

"오늘은 바람이 세서 힘들었지만 신선한 토마토를 수확할 수 있었어요", "올해 마늘 농사가 아주 잘 되었습니다" 같은 내용을 쓰고 사진을 넣어서 생산자가 직접 만든 인쇄물을 상품과 함께 보내줄 수도 있다. 이를 통해 농산물 구매라는 단순한 행위는 쇼핑을 넘어서 소소한 재미까지 선사한다. 아웃풋(농산물)을 사면서 프로세스(농가의 이야기)도 함께 즐기는 것이다. 중고 거래 플랫폼을 통한 프로세스 이코노미로 농업의 방식도 얼마든지 달라질 수 있다.

북유럽 생활 도구점,
물건의 드라마를 상영합니다

매거진하우스 출판사에서 발행했던 여성 패션 잡지 《올리브》를 애독했던 이들이라면 인터넷 쇼핑몰 '북유럽 생활 도구점 hokuohkurashi.com을 그냥 지나치지 못할 것이다. 이곳은 《올리브》의 독자들처럼 자신만의 취향이 확고한 사람들이 쇼핑하기에 최적화된 곳으로 '심플하지만 멋지고, 실용적이면서 예쁜 물건에 둘러싸인 생활'을 지향한다. 창업자 아오키 고헤이青木耕平는 이곳을 두고 "우리는 물건을 파는 것이 아니다. 영화관의 입장권을 파는 것과 같은 일을 한다"고 말했다.

'북유럽 생활 도구점'은 물건을 주문받아 판매하는 것으로 만족하지 않는다. 이곳을 이용하는 고객들은 심플하지만 멋진 북유럽풍의 생활을 동경한다. 판매자는 이런 고객들을 위해 상품을 매입한 계기와 고민들, 즉 '왜'를 글이나 영상으로 제작해 공유한다.

이곳의 유튜브 공식 채널에 올라오는 영상은 월간 조회 수가 100만 회를 훌쩍 뛰어넘는다. 그중에서도 '북유럽 생활 도구점'이 지향하는 세계관을 보여주는 드라마 시리즈 〈아오바 가족의 테이블青葉家のテーブル〉은 네 편의 영상으로 총 조회 수가 600만 회를 넘었고, 영화로도 제작되었다.

"생산자는 여기까지 생각해서 상품을 만들고 있습니다", "이 상품에는 이런 역사가 있습니다. 우리는 고객에게 맞춰 이런 것을 고민하고 수정했습니다"와 같은 제작 비화를 고객에게 공유해 스토리를 즐기게끔 하는 것이다. 이것이야말로 이곳에서 물건을 사는 가장 큰 재미다.

결국 '북유럽 생활 도구점'에서 물건을 산다는 것은 이 프로세스를 목격하기 위한 입장권을 사는 것과 다를 바 없다.

예측 불가능한 프로세스야말로
최고의 재미

프로세스 이코노미가 선사하는 '재미'의 원천은 프로세스에 사람의 개성이 담긴다는 점이다. 2021년 초, 음성 기반 소셜 미디어 '클럽하우스^{Clubhouse}'가 폭발적으로 유행했다. 클럽하우스가 유행하기 전에는 유튜브와 트위치에서 게임 실황을 중계하는 영상이 인기를 끌었다. 일본에서는 배우 혼다 츠바사本田翼의 게임 영상이 특히 높은 조회 수를 기록했다. 이런 영상은 도대체 어떤 점이 재미있을까?

게임은 기본적으로 문제를 발생시켜서 해결하도록 설계되어 있다. 순조롭게 적을 물리치고 장애물을 깨더라도 잠시만 집중력을 잃으면 금세 엇나가거나 부딪히면서 게임이 끝나버린다. 그런데 이때 "이런!" 하고 속상해하면서 평소에는 잘 드러나지 않았던 숨겨진 자아가 밖으로 튀어나온다. 게임을 하는 동안에는 그 사람의 실수나 평소에는 보이지 않았던 개성이 고스란히 드러나므로 날것의 재미를 찾는 사람들은 게임 실황을 재미있어하는 것이다.

만약 아무런 문제 없이 순조롭게 게임을 해나간다면 시청자 입장에서는 게임 라이브 방송에서 특별한 재미를 찾기 어려울 것이다. 말하자면 게임 라이브 영상은 목적보다는 과정 자체를 즐기는 콘텐츠인 셈이다.

게임에서 문제가 발생할 때와 마찬가지로 사람은 다른 누군가와 관계를 맺을 때 개성이 확연히 드러난다. 클럽하우스라는 소셜 미디어는 아무런 계획 없이 사람과 사람이 만났을 때 생겨나는 예측 불가능한 관계성이 주는 재미를 눈앞에 보여주었다.

화상 채팅 서비스 줌Zoom은 회의를 열거나 인터뷰를 할 때처럼 특정 목적으로 커뮤니케이션할 때 유용하도록 설계되어 있다. 그래서 아직까지 목적 지향적 커뮤니케이션에 쓰이는 경우가 더 많다.

그 점에서 클럽하우스는 '재미있는 사람과 우연히 만나 즐겁게 이야기를 나눈다'는 비목적형 커뮤니케이션에 딱 들어맞는다. 좀 더 거창하게 말하자면 클럽하우스는 좌담회를 만들어내는 장치인 셈이다.

구글은 창업자 래리 페이지Larry Page가 주창한 '우연한 충돌Casual Collisions'이라는 지론에 따라 초기부터 사내 식당을 무료로 운영해왔다. 직원들이 나누는 가벼운 대화에서 새로운 아이디어가 탄생한다는 믿음이었다. '우연한 충돌'은 거리를 걷다가 오랜만에 지인을 만났을 때처럼 우연히 이루어지는 만남을 가리키는 말로, 이런 만남은 보통 근황을 묻는 안부 인사로 시작해 술자리나 식사 자리로 이어져 더 깊은 대화를 끌어낸다. 코로나19로 회식이 사라지고 재택근무가 장려되면서 이러한 우연한 충돌의 역할을 클럽하우스가 맡았다.

클럽하우스는 초대를 전제로 하기 때문에 자신의 전화번호를 알고 있는 누군가로부터 초대받지 않는 이상 시스템에 접속할 수 없다. 하지만 일단 가입하면 자신이 팔로하고 있는 사람의 방에서 일어나는 대화를 자유롭게 들을 수 있어서 구조적으로 우연한 충돌이 일어나기 쉽다.

클럽하우스에는 유명인들의 커뮤니티만 있는 것이 아니다. 덕후들의 모임이나 고등학생 모임처럼 가볍고 편안한 커뮤니티도 많다. 그런 모임의 대화를 들어보면 마치 방과 후에 노래방에 모인 학생들처럼 거리낌 없는 분위기가 참 재미있다. 연애를 못 해서 고민인 20대가 어떻게 하면 연애할 수 있을지와 같은 질문을 던지는 '연애 휴식소'라는 방도 있고, 낚시나 사우나에 빠진 이들의 모임도 있다.

신주쿠 골든 거리나 시부야의 논베이 요코초에는 문인이나 낚시 애호가처럼 특색 있는 손님들이 자주 찾는 술집이 몰려 있다. 그곳에서는 한밤중에도 5~6명이 모여 소곤소곤 이야기를 나누곤 하는데, 그때 갑자기 유명인이 들어와서 이야기에 참여하면 어떤 기분이 들까? 이런 의외성이 클럽하우스라는 공간이 지닌 매력이다.

처음에 지나치게 열기가 뜨거웠던 탓인지 클럽하우스의 인기는 빠르게 식었다. 하지만 코로나19 시대에 '개인적인 커뮤니케이션'이라는 프로세스를 공개적인 장소로 이끌어내는 클럽하우스 같은 플랫폼이 등장한 것은 매우 흥미로운 현상이다. 클럽하우스가 프로세스 이코노미의 커다란 가능성을 보여준 것만큼은 사실이다.

자포스,
광고비가 들지 않는 기업

미국 최대의 온라인 신발 쇼핑몰 자포스^{Zappos}의 성공 사례도 살펴보자.

대부분의 기업은 제품을 판매하기 위해서 유통에 거액의 수수료를 지불한다. 그러지 않으면 상품을 진열대에 올려놓을 기회조차 없기 때문이다. 아마존이나 라쿠텐과 같은 전자상거래 업체에서도 매출의 10퍼센트에서 많게는 25퍼센트까지 수수료를 가져간다.

온라인으로 상품을 팔 때는 소셜 미디어나 빅데이터를 활용한 광고 중개 서비스를 이용한다. 그러다 보니 보통 매출의 10~25퍼센트는 구글이나 페이스북에 광고비로 지출한다. 이렇

듯 기업은 고객을 모으기 위해서 매출의 3분의 1에 해당하는 비용을 유통과 광고에 꾸준히 지출하고 있다.

프로세스 이코노미를 통해 함께하는 동료를 늘리면 유통과 광고에 막대한 돈을 지불할 필요가 없어진다. 타사의 유통 플랫폼에 의존하지 않고 팬들과 직접 거래할 수 있기 때문이다. 또한 불특정 다수에게 광고를 노출시키는 방식이 아니라 팬들과 공생 관계를 형성해서 고객을 모을 수도 있다.

이렇게 되면 유통과 광고에 들어가는 비용을 상품의 품질을 높이거나 신상품을 개발하는 데 투자할 수 있다. 이는 기업과 고객 모두에게 이득이다.

신발은 실제로 신어보지 않으면 착화감을 알 수 없다는 이유로 전자상거래와는 맞지 않는 분야로 여겨졌다. 그럼에도 자포스는 1999년에 창립한 이래 10년도 채 지나지 않아 2008년에 연간 매출 10억 달러를 달성했다.

"우리는 가끔 신발을 파는 호스피탤러티Hospitality 서비스 기업입니다. 우리는 여러분에게 놀라움Wow!을 배달합니다."

이것이 바로 자포스가 내세우는 기업 이념이다. 호스피탤러티란 여행자나 손님을 친절하게 접대하는 서비스 행위이다. 자포스는 이와 같은 기업 이념을 어떠한 방식으로 실현해냈을까.

고객이 "이런 신발을 찾고 있습니다"라는 문의를 했다고 가정해보자. 보통은 해당 신발을 자사의 상품 중에서 찾아주거나 없다면 품절 안내를 하기 마련이다. 하지만 자포스에서는 자사에 해당 신발이 없다면 고객이 살고 있는 근처 ABC마트에 전화를 걸어서라도 신발을 찾아준다. "고객님! 찾으시는 신발이 댁에서 6킬로미터 떨어진 ABC마트에 있다고 합니다. 일단 재고를 확보해두었는데요. 어떻게 할까요?" 하는 식이다.

그러면 깜짝 놀란 고객의 마음에 말 그대로 "와우Wow!"가 새겨진다. 게다가 이런 서비스를 받으면 주변 사람들에게도 소문내고 싶은 마음이 생기기 마련이다. 이렇게 자포스의 서비스에 한번 반한 고객은 가격과는 상관없이 계속해서 신발을 구매하며 충성도 높은 고객으로 남게 된다. 게다가 입소문으로 다른 고객까지 끌어다 주기도 한다.

현재 자포스의 매출 중 75퍼센트는 단골이 맡고 있다. 나머지 25퍼센트의 절반은 입소문을 듣고 신발을 사러 온 고객이라고 한다. 자포스와 같은 방식으로 물건을 팔면 자연스럽게 유통비와 광고비가 줄어든다. 고객과 '왜'를 공유하는 프로세스 이코노미로 기업이 돈을 쓰는 방식도 달라지고 있는 것이다.

자포스는 광고나 유통에 큰돈을 들이지 않고서도 회사의 프로세스에 공감한 단골손님들에게 신발을 꾸준히 판매하고 있다. 자포스가 광고에 들이는 돈은 매출의 단 1퍼센트인데, 충성도 높은 고객을 충분히 확보했음에도 이들이 굳이 광고비를 쓰는 이유는 무엇일까.

"자포스의 직원은 고객을 사랑합니다. 이러한 직원이 있어서 우리는 행복합니다."

자포스에서 내보내는 광고는 자사의 직원을 칭찬하는 이미지 광고다. 자포스의 '왜', 즉 자포스가 놀라움을 선사하고자 하는 대상에는 고객뿐 아니라 직원까지 포함되어 있기 때문이다.

자포스에서는 기업과 직원, 그리고 고객을 하나로 묶어 끈끈한 커뮤니티를 만들었다. 이는 프로세스 이코노미의 본질을 정확하게 꿰뚫은 선택이다.

자포스는 매출 10억 달러를 기록한 직후인 2009년 아마존에 인수됐다. 이때 자포스가 아마존에 내민 조건은 '경영과 조직

문화에 어떠한 간섭도 하지 말아달라'였다. 아마존의 CEO 제프 베이조스^{Jeff Bezos}는 이와 같은 고집스러운 조건을 받아들여서라도 자포스를 산하에 두고 싶었는지 '매출을 계속 올릴 수 있다면 기업 경영과 문화에 일절 간섭하지 않겠다'고 약속했다.

에어비앤비와 스트라이프를 탄생시킨 오피스 아워

실리콘밸리 최대의 엑셀러레이터(신생 스타트업에 아이디어와 비즈니스 계획에 대해 조언해주고 자금과 인력을 지원하는 전문 기관 ─ 옮긴이) 와이 콤비네이터Y Combinator는 해마다 두 번씩 전 세계로부터 엄청난 숫자의 응모를 받는다. 그중에서 100개 정도의 프로젝트를 엄선해 3개월 동안 프로그램을 운영하며 아이디어를 비즈니스 상품으로 완성할 수 있도록 돕는다.

와이 콤비네이터와 스타트업의 면담 모습은 '오피스 아워Office Hour'라고 불리는 영상으로 유튜브에 공개된다. 원래라면 절대 보여주지 않을 회의 과정을 공개한다는 의미에서 이는 프로세스 이코노미 그 자체다. 이와 같은 와이 콤비네이터의 지원으로 전 세계를 뒤흔든 숙박 공유 서비스 '에어비앤비Airbnb'와 온라인 결제 플랫폼 '스트라이프Stripe'가 탄생했다.

와이 콤비네이터에서는 면담 시 지원자들이 가진 기술적인 능력은 크게 중요하게 여기지 않는다. 그들은 '왜'라는 질문, 즉 지원자들의 중심에 뿌리내린 스토리를 깊게 파고든다.

스타트업 기업가들은 면담을 거치면서 깨달음을 얻고 스스로 한계를 뛰어넘는 순간을 맞는다. "아, 나는 이런 게 하고 싶었구나" 하는 순간이 오면 와이 콤비네이터의 전문가는 그 기회를 놓치지 않고 "그렇다면 이러한 프레임을 활용해보면 어떨까요?" 하고 조언해준다. 이렇게 해서 신생 스타트업은 순식간에 이륙 준비를 마친다.

이러한 모습을 공개하면 '아니, 이런 과정으로 저렇게 멋진 비즈니스가 탄생했다고? 이거라면 나도 할 수 있겠는데'라고 생각하는 사람이 많아지고 더욱 다양한 스타트업이 와이 콤비네이터로 모여든다. 오피스 아워 영상을 참고해서 자문자답하며 사고를 더욱 구체화해서 찾아오는 지원자들도 늘어난다. 그러면 이후 와이 콤비네이터에서 제공하는 면담의 수준은 한층 더 높아진다.

기술적인 능력은 얼마든지 배울 수 있다. 중요한 것은 그 안에 있는 '왜'다. 하나부터 열까지 모든 과정을 공개하면서 '왜'라는 비즈니스의 본질에 집중하는 것이 와이 콤비네이터가 추구하는 가치다. 앞으로도 실리콘 밸리에서는 제2, 제3의 에어비앤비가 계속해서 탄생할 것이다.

6장

프로세스의 함정에
빠지지 않으려면

econamy

#소셜 미디어

#필터 버블 #소프트뱅크

#Will-Can-Must

프로세스에만 집중하면
위험하다

지금까지는 프로세스 이코노미의 장점만을 설명했지만, 프로세스 이코노미에도 당연히 단점과 위험성이 존재한다. 특히 소셜 미디어로 손쉽게 프로세스를 공유할 수 있게 된 까닭에 현대를 살아가는 우리는 언제든지 프로세스 이코노미의 함정에 빠질 수 있다.

프로세스로 돈을 벌다 보면 처음 가졌던 '왜', 즉 이 일을 하는 이유와 가치관 혹은 철학을 잃어버릴 수 있다. 예를 들어, 주목받기를 좋아했던 어떤 사람이 프로세스를 잘 활용해서 기대 이상의 비용과 팬을 확보했다고 하자. 하지만 이를 유지하기 위해서는 점점 더 자극적인 프로세스를 보여주어야만 한다. 결국 시작할 때보다 규모가 더 크고 과격한 일에 도전할 수밖에 없는 것이다. 사람들의 기대치가 점점 높아지다 보면 도전의 수위도 끝없이 올라가게 된다.

그런데 만약 오랜 시간이 지나도록 아웃풋으로써의 결과가 나오지 않는다면 어떻게 될까? 과정을 지켜보던 사람들이 실망하거나 비난하는 등 부정적인 피드백을 연달아 내놓을 수 있다. 또 한편에서는 지지층과 반발 여론이 맞서면서 갈등이 빚어지기도 한다.

생산자나 크리에이터들이 비판에 내몰리다가 급한 마음에 안티들을 공격하기 시작하고 점점 소수에게만 지지받는 상황에 이르는 경우가 있다. 이들은 결국 눈에 보이는 결과를 내지 못한 채 '아는 사람만 알아주면 된다'는 식의 마음으로 프로세스를 공유하고 자극적인 내용에만 목적을 두곤 한다. 처음 내가 왜 이 일을 시작했는지는 온데간데없이 사라지고 마는 것이다.

단기적으로 보면 프로세스에만 집중하는 것이 자금을 모으거나 주목받는 데 유리할지 모르지만, 장기적으로 보면 점점 파탄의 길로 들어서는 상황이 된다.

알맹이 없는 꿈은
유혹에 빠지기 쉽다

아직 경험이나 실적이 없는 사람이라면 도전에 나서면서 과정을 공개해 응원해주는 사람을 모으고 자금을 확보하는 편이 좋다. 이러한 길이 없다면 이미 자본과 인맥을 가진 자에게만 도전의 기회가 주어지면서 점점 격차가 커지기 때문이다.

하지만 커다란 비전을 내걸어놓고 알맹이는 없는 채로 계속해서 꿈만 외친다면 어떻게 될까. 실체 없는 프로세스로 주목을 끌어 돈을 벌기 시작하면 여기에서 빠져나오기란 쉽지 않다.

예를 들어, 한 젊은 기업가가 대규모 사업 기획안을 내걸고 막대한 자금을 조달한다고 해보자. 트위터와 같은 소셜 미디어에서 자신의 꿈과 동료에 대한 애정을 강조하고 강연회나 TV에 나와 얼굴을 알리면서 유료 커뮤니티에서 돈을 벌기 시작하면, 자신의 본업이었던 사업과는 점점 멀어지게 된다. 이럴 때 유혹의 순간이 찾아온다. 일에서 작은 성과를 내고 이를 하나씩 쌓아 올리는 길보다 프로세스로 팬을 모아 돈을 버는 길이 훨씬 간단하기 때문이다.

정말 복잡한 문제는 커다란 비전을 외치고 기대치를 높이는 것이 기업가와 크리에이터에게 매우 중요한 능력이라는 점이다 (물론 거짓이 없다면 말이다). 주변의 기대감이 커야 자금과 인재를 모아 비지니스에 유리한 환경을 만들 수 있기 때문이다.

소셜 미디어의 팔로워 수가 많아지거나 인지도가 높아지면 팬층을 쌓고 자금을 조달하고 인재를 채용하기가 유리해진다. 그렇지 않으면 처음 몇 걸음조차 나아갈 수 없어서 시작도 하지 못하는 경우가 있으니 이를 이용하는 것이 잘못된 방법은 아니다. 하지만 수단과 목적 사이에서 자칫 균형을 잃었다가는 지옥같은 유혹의 길로 들어설 수 있다. 프로세스 이코노미의 시대에는 이 부분을 반드시 염두에 두어야 한다.

나만의 확고한 기준에
집중하라

만화가들은 만화를 그리는 모습을 외부에 잘 보여주지 않는다. 창작은 집중력이 필요한 작업이기도 하고, 작가는 무서울 만큼 고독한 환경에서 일하기 때문이다. 만화가 우라사와 나오키浦沢直樹가 진행하는 NHK E의 〈만벤漫勉〉이라는 방송 프로그램은 이처럼 베일에 싸인 만화가의 작업실에 들어가서 창작 현장을 촬영하는 방식으로 인기를 끌었다.

〈머리말〉에서 이야기한 라이브 방송 서비스 '포제로 스튜디오'에서는 만화가가 직접 창작 과정을 중계한다. 책상 위에 카메라를 설치해두고 얼굴은 보여주지 않은 채 만화를 그리는 광경만 계속 내보내는 식이다. 시청자들은 "머리카락 한 올도 저렇게 정성 들여 그리는구나", "저 색은 이렇게 만들어지네"처럼 만화의 비밀을 하나씩 알아가며 더욱더 작품에 열광하게 된다. 이따금 만화가가 하는 행동에서 지금껏 간직해온 그의 철학과 가치관이 자연스럽게 드러나기도 한다.

묵묵히 만화를 그리는 모습만 내보내지 않고 중간에 "이 부분은 손이 많이 가요", "여기는 이런 의미를 담아 그렸는데 독자들에게도 전달되면 좋겠네요"처럼 나직하게 혼잣말을 덧붙이는 만화가도 있다. 그러면 실시간으로 "저는 이 캐릭터가 무척 마음에 들어요. 만들어지는 과정을 알게 돼서 기쁩니다"라는 댓글이 달린다. 이에 만화가는 다시 "알아주셔서 저 또한 기쁘네요. 열심히 하겠습니다"라고 대답하며 대화를 주고받는다.

만화가가 작업하는 모습을 가만히 앉아서 쳐다볼 필요는 없다. 영상을 틀어놓고 요리를 하거나 공부를 해도 좋다. 도서관에서 친구와 함께 공부하듯이, 진지하게 작업에 집중하는 만화가를 곁에 두고 '따로 또 같이' 하는 느낌을 맛보는 것이다.

다만 이 방식에도 함정은 있다. 프로세스를 공개해서 응원을 받거나 지원금이나 아이디어를 얻다 보면 창작자도 무의식중에 들뜰 수 있다. 팬들의 응원에 부응하고 싶은 욕심이 과하면 줏대 있게 끌고 온 자신만의 기준이 흔들린다. 창작 활동의 수단으로써 활용했던 프로세스 공개가 목적이 되어버리는 셈이다. 그러다 보면 집중력이 떨어지고 자신의 '왜'를 시청자의 반응과 댓글에 맞추려는 경향이 생길 수도 있다. 지금껏 키워왔던 가치관이 흔들리면 처음에는 좋아했던 팬들도 점차 위화감을 느끼게 된다.

사람들은 왜 프로세스에 이끌릴까. 이는 그 사람만이 가진 '왜' 때문이다. 흔들리지 않는 그 사람의 '왜'와 '가치관'에 반하고, 자신도 이를 닮고 싶어 한다. 그렇기 때문에 기꺼이 프로세스 이코노미의 참가자가 되어주고, 나아가 세컨드 크리에이터가 되어 응원해주는 것이다.

관객에게 휘둘리기 시작하면 자신만의 '왜'가 매력을 잃고 퇴색되기 마련이다. 점점 자신을 억지로 꾸미고 가공해서 보여준다면 프로세스 이코노미와는 점점 멀어지게 된다.

필터 버블에 빠지지 말고
객관성을 지켜라

온라인 살롱과 라이브 방송, 소셜 미디어에서 프로세스 공개에 힘입어 팬과 커뮤니티가 형성되면 아웃풋의 내용보다는 누가 어떤 생각으로 이것을 만들었는지에 시선이 쏠린다. 바로 이때 '필터 버블Filter Bubble'에 빠질 위험성이 커진다. 특정한 방향으로 걸러진 정보만을 접하면서 편향된 시야에 갇히는 것이다.

인플루언서라고 불릴 만큼 영향력이 커지면 주변에 자신을 칭찬하는 사람이 점점 늘어난다. 긍정적인 의견만 말하는 예스맨이 많아지는 것이다. 그러다 보면 점차 귀에 거슬리는 비판이나 반대 의견은 들리지 않게 되어 자신도 모르는 사이에 벌거벗은 임금님이 될 수 있다.

밖에서 떠들어대는 다양한 정보에 필터가 씌워지면 어떻게 될까? 순식간에 편견이 생기고 한쪽으로 치우친 정보를 상식이라고 착각하게 된다. 나를 둘러싼 풍성한 거품 안에서 유리한 정보만 받아들이는 것이다. 결국 편견은 더욱 심해지고 사고방식도 딱딱하게 굳어진다.

2016년 영국은 국민 투표로 브렉시트Brexit, 즉 유럽연합EU에서의 탈퇴를 결정했다. 같은 시기 미국에서는 선거전의 들러리로 보였던 도널드 트럼프Donald Trump가 모두의 예상을 뒤엎고 대통령으로 당선됐다. 국론이 정확하게 반으로 갈리고 영국과 미국에서 극단적으로 보수적인 의견이 선택되고 만 이유 중 하나는 필터 버블 때문이었다. 두 나라의 리더들은 "주변 국가와 연대할 필요는 없다. 자국의 이익만 추구하는 자국 최우선주의로 갈 것이다"라면서 고립주의와 내셔널리즘을 강하게 주장했다.

그중에서도 가장 극단적이었던 것이 트럼프의 방식이었다. 트럼프는 공개적으로 비속어를 남발하고 다른 사람을 비방하는 글을 올렸다. 가짜 뉴스를 교묘하게 짜깁기해서 필터 버블 안에 있는 지지 세력을 선동했고, 그 결과로 대통령에 당선됐다.

프로세스 이코노미를 실현하고자 하는 사람도 이와 비슷한 상황에 빠질 위험이 있다. 폐쇄된 세계 안에서 뭐든 내 마음대로 할 수 있다는 착각에 사로잡히면 더 이상 객관성을 유지하기 어렵다.

자신의 프로세스에 동참하는 사람이 늘면 늘수록 내가 보고 있는 풍경이 이 세상의 전부라는 착각에 빠지기 쉽다. 따라서 의식적으로 필터 버블 밖으로 나와서 자신을 객관적으로 살피려고 노력해야 한다.

소셜 미디어에
인생을 조종당하지 마라

2018년 5월 등산가 구리키 노부카즈栗城史多가 에베레스트산에서 사망했다. 그는 짐을 들어주는 포터 없이 혼자서 등반하고, 산소통도 메지 않는 무산소 단독 등정으로 이름을 알렸다. 하지만 안타깝게도 에베레스트산에서 실족사하면서 그의 도전은 끝을 맺었다. 구리키는 열악한 환경에서 코앞에 닥친 죽음과 맞서 싸우며 산에 오르는 모습을 직접 인터넷으로 생중계했다.

8,000미터가 넘는 에베레스트산 등정은 웬만한 노력으로는 성공할 수 없다. 고도가 높아질수록 산소가 턱없이 부족해지는 탓에 정상에 가까워지면 밤을 새면서 올라가야 한다. 산소통도 없는 위험한 환경에서 깊게 잠들었다가는 깨어나지 못할 확률

이 높기 때문이다. 하지만 구리키는 무산소 단독 등정을 강행했고 등산가의 아찔한 프로세스가 인터넷을 타고 생중계되면서 그는 많은 사람에게 지지를 받았다.

2020년 가을에 출판된 에세이 《데스 존: 구리키 노부카즈의 에베레스트 극장デスゾーン: 栗城史多のエベレスト劇場》에는 구리키의 등산 인생이 적나라하게 그려져 있다. 여덟 번이나 에베레스트 등정에 도전하는 동안 그는 동상으로 손가락 아홉 개를 잃었다. 책에는 그가 등산가로서 꽤나 미숙했다는 지적도 실려 있다.

그는 왜 무산소 단독 등정이라는 무모한 도전을 도중에 그만두지 못했을까. 생중계로 화제를 모으면 모을수록 팬들의 응원은 커지고 스폰서가 많이 붙으면서 활동 지원금도 줄을 이었을 것이다. 책에는 그가 이러한 기대에 부응하고자 등산가로서의 자신을 노출해가며 안전보다는 연출에 힘을 쏟았고, 그 결과 거의 자살에 가까운 비명의 죽음에 내몰렸다고 쓰여 있다.

물론 그가 분위기에 휩쓸려 무모하게 등산했다고 단정할 수만은 없다. 산악인으로서의 자부심과 성취를 위해 도전을 계속한 점도 분명 있을 것이다. 하지만 주변 사람들에게 주목받다 보면 자신의 의지보다 외부의 요구에 떠밀릴 가능성 역시 커진다. 언제부터인지 모르게 프로세스가 과격해지고 여기에 자신의 모든 것을 걸게 된다. 구리키 노부카즈의 이야기는 소셜 미디어 사회를 살아가는 우리 모두에게 중요한 가르침을 준다.

네덜란드의 철학자 스피노자는 저서 《에티카》에서 우리의 최종 목표는 자유이며, 자유의 반대는 강제라고 말했다.

자신의 의지대로 자율적으로 살아오던 사람이 프로세스 이코노미의 함정에 빠지면 관객의 기대에 부응하는 것이 목적이 되어버릴 수 있다. 자신도 모르는 사이에 관객이 주체가 되고, 인생의 방향키를 그들에게 쥐어주게 된다.

팬들의 눈을 지나치게 의식해서 프로세스 연출에 힘쓰다 보면 타자의 시선 안에 갇혀버리는 것이다.

내 안에 간직했던 '왜'를 잃으면 사람들의 관심도 점점 멀어지고 관객이 만들어낸 허상에 자꾸 목매게 된다. 초조한 마음에 자신에게 맞지 않는 도전에 무리하게 나서다가 되돌릴 수 없는 실패에 빠질 수도 있다.

이렇게 되지 않으려면 타인이 만들어낸 허상에 잠식되지

않도록 그동안 품어왔던 나의 '왜'를 항상 되새겨야 한다. 나는 왜 이 일을 시작했는가. 내가 가장 소중히 여기는 것은 무엇인가. 항상 스스로 묻고 되돌아보는 시간이 무엇보다 중요하다.

이상과 현실의 괴리를
직시하라

프로세스의 함정에 빠지지 않기 위해 이상이 높은 도전을 무조건 부정하자는 말은 아니다. 손정의와 같은 일류 기업가도, 혼다 게이스케本田圭佑와 같은 축구 선수도 처음에는 주변 사람들이 비웃을 만큼 허황한 꿈을 내세웠지만 어마어마한 노력으로 이를 실현했다. 천재와 사기꾼은 종이 한 장 차이라는 말도 있지 않은가.

그렇다면 프로세스의 함정에 빠지는 경우와 프로세스로 마침내 성과를 내거나 목표 달성을 위해 건전하게 나아가는 경우에는 어떤 차이가 있을까.

유니클로 사장 야나이 다다시柳井正의 책 제목이기도 한 "현실을 보라"라는 말을 되새겨보자. 프로세스의 함정에 빠지면 이상적인 꿈과 발치에 있는 현실의 괴리를 견디지 못한다. 계속해서 원대한 꿈을 이야기하고 있는데 현실은 오래도록 바닥에 머문다면 어떨까. 이는 큰 도전을 하는 사람에게는 필연적인 일임에도 사람들은 괴로운 현실을 직시하지 못하는 경우가 많다.

인터넷 비즈니스 기업 '사이버 에이전트 CyberAgent**'의 사장 후지다 스스무**藤田晋**는 "높은 뜻을 갖고 회사와 인재를 성장시키기 위해 항상 이를 갈며, 현실과 이상의 차이를 매일 조금씩 좁혀가는 것이 기업가의 일이다"라고 말했다.**

이 말은 기업가라면 반드시 명심해야 할 진리다.

소셜 미디어의 발달로 프로세스가 가치를 창출하는 시대가 왔다. 그 덕분에 아웃풋이 나오기도 전에 팬을 만들고 돈을 벌 수 있게 되었다. 하지만 그만큼 프로세스의 함정에 빠지기도 쉬워졌으므로 이상과 현실의 차이를 직시하며, 이를 착실하게 좁혀가는 일이 무엇보다 중요해졌다.

터무니없는 일을 하는 듯 보여도 알고 보면 위기관리에 뛰어난 사람이 있다. 실패하더라도 여유롭게 다시 수정해서 도전할 수 있도록 설계해둔 것이다. 대표적인 인물이 소프트뱅크^{Softbank}의 회장 손정의다. 그는 불도저식 경영으로 유명하지만, 그 밑바탕에는 '이 경계선만큼은 절대 넘지 않겠다'는 냉철한 계산이 항상 깔려 있다. 그 덕분에 소프트뱅크는 몇 번의 위기에도 다시 일어설 수 있었다.

Will-Can-Must에
얽매이지 않아도 된다

프로세스 이코노미로 동료를 모으려면 큰 꿈이 필요하다. "아이돌 그룹의 센터가 돼서 무대에 서고 싶다", "우주에 로켓을 쏘아 올리고 싶다"처럼 목표가 크면 클수록 프로세스 역시 반짝반짝 빛이 난다. 하지만 하고 싶은 일이 없다고 해서 우울해하거나 고민할 필요는 없다.

'하고 싶은 일(Will)'과 '할 수 있는 일(Can)', 그리고 '해야만 하는 일(Must)'을 구분해야 한다는 말을 들어본 적이 있을 것이다. 이는 원래 구인 구직 회사 '리쿠르트^{Recruit}'에서 시작된 말이다. 리쿠르트에서 진행되는 사내 연수에서는 '본인이 실현하고 싶은 일(Will)'과 '발휘하고 싶은 특기나 극복하고 싶은 과제(Can)', 그리고 '능력을 계발할 수 있는 미션(Must)'이 적힌 'WCM 시트'를 써서 역할을 분담한다. 그렇다고 해서 이것이 'Will → Can → Must'의 순서를 따르라는 의미는 결코 아니다.

현실에서는 오히려 'Must → Can → Will'의 순서로 일이 진행되는 경우가 더 많다. 상사가 지시한 일을 맡아서 처리하다가(Must), 경험을 쌓는 동안 자신이 잘하는 분야의 일이 생긴다(Can). 그 분야에서 성과를 내고 능력을 인정받으면 자기가 하고 싶은 일이 들어오기도 하고, 스스로 기획서를 제출해서 일을 따내기도 하는 것이다 (Will).

그런데 요즘은 소셜 미디어에서도, 서점에 진열된 책에서도 모두 "좋아하는 일을 하며 살자"거나 "하고 싶은 일을 찾자"라는 메시지를 던진다. 마치 하고 싶은 일이 없으면 큰일이라도 나는 것처럼 말이다.

처음부터 하고 싶은 일을 하는 사람은 극히 드물다. 하고 싶지는 않지만 먹고살기 위해 어쩔 수 없이 일하는 경우가 대부분이다. TV에 출연하거나 온라인상에서 유명해진 사람들은 마치 처음부터 하고 싶은 일을 찾아서 매진했던 것처럼 보이지만 깊게 들여다보면 사실은 그와 다르다.

앞에서 여러 차례 언급했던 니시노 아키히로는 상상할 수 없을 정도의 끈기와 노력으로 매일 그림을 그렸다. 그림책을 한 권이라도 더 팔기 위해서 수많은 사람에게 사인을 해주다가 손목에 염증이 생긴 적도 있다.

이를 모르는 사람은 '니시노 씨는 하고 싶은 일을 할 수 있어서 참 부럽다'고 생각할지 모르지만, 그는 '해야만 하는 일'과 '할 수 있는 일'을 누구보다도 열심히 해낸 이후에 자신이 '하고 싶은 일'을 하고 있는 것이다. '하고 싶은 일'만으로 먹고사는 사람은 거의 없다.

아직 하고 싶은 일을 찾지 못했더라도 괜찮다. 다른 사람의 'Must'를 도우며 일을 해나가는 동안 자연스럽게 'Can'의 일이 나타날 것이다. 그리고 'Can'이 쌓이다 보면 언젠가 자신만의 'Will'과 마주하게 될 것이다. 다른 사람에게 인정받고 싶은 초조한 마음에 자신에게 맞지 않는 다른 사람의 'Will'을 가져다 쓰지는 말자.

일단은 'Must'나 'Can'의 순서에 얽매이지 말고 다양한 일에 도전해보자. 그러다 보면 언젠가는 자신에게 꼭 맞는 일, 자신이 진정으로 하고 싶은 일을 발견하게 될 것이다.

7장

프로세스는 어떻게
새로운 시대의 무기가 되는가

economy

#곤도 마리에

#몰입 #마음챙김

#넷플릭스 #레고형

정리 컨설턴트 곤도 마리에의 프로세스 이코노미

마지막으로 프로세스 이코노미가 널리 퍼지면서 달라지고 있는 우리의 삶을 살펴보고자 한다.

정리 컨설턴트 곤도 마리에近藤麻理惠의 《정리의 힘》은 전 세계 42개국에서 번역되며 시리즈 합계 1300만 부가 팔리는 엄청난 성과를 거두었다. 그녀의 남편인 가와하라 다쿠미川原卓巳는 곤도 마리에의 훌륭한 매니저이자 프로듀서인데, 2020년 말에 나온 그의 책 《Be Yourself: 나답게 빛나면서 인생을 바꾸는 교과서Be Yourself: 自分らしく輝いて人生を変える教科書》를 읽어보면 곤도 마리에의 삶은 그야말로 프로세스 이코노미 그 자체였음을 알 수 있다.

전업주부인 어머니 밑에서 자란 곤도 마리에는 어머니가 정기 구독하는 《에쎄ESSE》나 《오렌지 페이지Orange Page》와 같은 잡지가 배송되면 어머니보다 먼저 뜯어서 읽었다고 한다. 주부로서의 삶을 즐긴 어머니 덕분인지 그녀는 어릴 때부터 멋진 주부가 되는 것이 꿈이었고 여성지를 읽으며 집안일 하기를 좋아했다. 하지만 요리나 바느질과 달리 정리는 원하는 만큼 실력이 쑥쑥 늘지 않았고 만족할 수 없었다. 그때부터 그녀는 정리에 빠져들었다.

'도대체 왜 정리는 해도 해도 끝이 없는 거지?'

이 문제에 대한 고민을 이어가던 그녀는 열다섯 살 때 '설레는 물건만 남기고 나머지는 버리면 된다'라는 깨달음을 얻으면서 처음으로 정리가 완성되는 경험을 맛보았다. 정리에 대해 더 연구하고 싶어진 그녀는 한 곳의 정리가 끝나면 다른 장소를 찾아 정리하기 시작했다. 오빠 방, 학교, 친구 집 등을 돌아다니며 정리를 해나갔다.

대학에 입학하자 곤도에게는 생각지도 못한 기회가 찾아왔다. 주변에 혼자 사는 친구들이 많아진 것이다. 그녀에게 친구들의 집은 마음껏 정리할 수 있는 신나는 공간이었다. 그녀는 친구들에게 집을 정리해줘도 되냐고 부탁하며 이곳저곳을 찾아다녔다. 그러자 '곤도 마리에가 놀러 오면 집이 몰라볼 정도로 깨끗해진다'는 소문이 돌았다. 이후 그녀는 모르는 사람들에게서 '돈을 낼 테니 집을 정리해달라'는 부탁을 받았고 열아홉 살 때부터 정리를 직업으로 삼았다.

정리 컨설턴트로서 본격적인 활동을 시작하자 눈 깜짝할 사이에 반년 동안의 일정이 꽉 차버렸다. 곤도의 도움을 필요로 하는 사람들이 너무 많아지자 그녀는 자신만의 정리법을 책으로 엮었다. 이 책이 베스트셀러에 오르면서 그녀는 일본 전역에 이름을 알리게 되었다.

이후 곤도의 책은 미국《뉴욕타임스》베스트셀러 1위를 차지한 뒤, 무려 70주 연속 1위를 기록했다. 이제 그녀의 활동 무대는 미국으로까지 확대됐다. '곤마리 정리법'이라는 상표를 등록했고, 곤마리식 정리 기술을 취득하는 정리 전문 자격증도 탄생했다. 전 세계 60개국의 약 700명이 이 자격증을 취득해서 정리를 직업으로 삼고 있다.

2019년 초에는 넷플릭스에 〈곤도 마리에: 설레지 않으면 버려라〉라는 시리즈가 공개됐다. 곤도가 정리에 어려움을 겪는 가정에 방문해서 함께 정리를 해나가는 다큐멘터리 프로그램이다. 이 역시 굉장한 인기를 끌었고, 2021년에는 〈곤도 마리에: 기쁨을 찾아라〉라는 시리즈까지 나왔다.

곤도 마리에의 삶은 프로세스 이코노미 그 자체다. 그녀에게
는 처음부터 베스트셀러를 내고 싶다는 생각도, 미국을 무대로
활동하고 싶다는 욕심도 없었다. 그저 정리라는 행위에 몰입해
서 누구보다도 행복하게 즐겼을 뿐이다.

정리란 원래 귀찮고 자꾸만 미루고 싶은 일이다. 그런데 정리
에 빠진 그녀는 이것을 즐거운 마음으로 실천하고 자기만의 방
식으로 표현해냄으로써 많은 사람에게 감명을 주었다. 그리고
'정리란 즐거운 일'이라는 새로운 인식을 만들면서 입소문을 타
고 전 세계에 영향을 미쳤다.

과정 자체를 즐기는 EX

곤도 마리에의 이야기는 매우 흥미롭다. 프로세스 이코노미 시대에는 'EX'라는 사고방식이 중요하다는 점을 직접 증명하고 있기 때문이다.

'EX'는 가와하라 다쿠미가 처음 사용한 말로 'Entertainment Transformation'의 줄임말이다. 감정을 지닌 생물인 인간이 프로세스에 즐거움을 느끼면 이것이 다양한 가능성으로 전환된다는 의미다.

가와하라는 정치인이자 경영전략 자문가인 다무라 고타로田村

耕太郎가 지방 활성화에 관해서 한 발언을 듣고 'EX'를 떠올렸다고 한다. 다무라는 지방 활성화라는 목표를 성공적으로 달성하려면 과제를 해결해가는 과정을 즐길 필요가 있다고 설명했다.

목표를 향해 길을 똑바로 걷기보다는 걸어가는 과정을 즐기자는 말인데, 그러다 보면 그 일에 큰 가치를 느끼지 못했던 사람들에게도 즐거움이 전해지면서 다 함께 힘을 합칠 수 있다는 것이다. 어려운 문제를 만났을 때 정답을 찾아서 해결하는 데 몰두하기보다는 문제를 즐겁게 풀어나가는 과정 자체에 집중하는 것이 더 의미 있고 결국에는 더 효과적일 수 있다.

이와 같은 다무라의 말을 가와하라는 'EX'라는 개념으로 표현했다. 그리고 곤도 마리에의 인생은 'EX' 그 자체였다.

몰입의 3가지 조건

곤도 마리에처럼 일하는 과정을 즐기면서 프로세스를 놀이로 받아들이려면 어떻게 해야 할까. 이를 위해서는 무엇보다 '몰입'이 필요하다.

라쿠텐 대학의 학장 나카야마 신야仲山進也는 인간이 어떤 일에 몰입하려면 세 가지 조건이 필요하다고 말했다. 먼저 내가 잘하는 일이어야 하고, 그것만으로 즐거워야 하며, 그 일이 다른 사람에게 도움이 되어야 한다는 것이다.

즉, 잘하는 일을 즐기는 것 자체가 목적이 되는 셈이다. 그리고 그 일이 어느샌가 이타적 가치와 연결되면 사람은 점점 더 몰입하게 된다.

세상이 하루가 다르게 바뀌는 요즘에는 프로세스 그 자체를 목적으로 두는 사고방식이 필요해졌다. 옛날에는 세상에 없는 것을 누구보다 먼저 만드는 일이 중요했다. 그래서 결과적으로 저렴하고 성능이 좋은 차를 만들거나 다른 회사보다 기능이 뛰어나고 작은 컴퓨터를 만드는 게 목적이었다. 하지만 변화무쌍한 요즘 시대에는 애초에 어디가 결승점인지 아무도 모르기 때문에 그저 좋아서 달리는 사람이 생각지도 못한 결과를 만들어내곤 한다.

곤도 마리에처럼 잘하는 일과 하고 싶은 일이 만나면 사람은 시간을 잊어버리고 온전히 집중함으로써 더욱 크게 성장할 수 있다. 그 결과 잘하는 일을 더 잘하고 싶은 마음이 점점 커지면서 이를 실현할 수 있는 더 넓은 세계를 원하게 된다. 이로써 현재 있는 장소보다 더 크고 먼 곳을 찾아 여행을 떠나는 것이다.

몰입의 3가지 조건

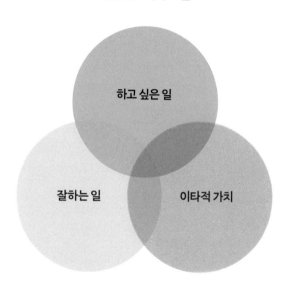

▶ 내가 잘하는 일(강점)을 찾아서, 과정 자체를 즐기다 보면(프로세스=목적), 이타적 가치(뜻·이념)와 연결되고 몰입의 깊이가 심화된다. 이 교집합에 속하는 영역의 일들을 찾아보자.

"일본의 모든 곳을 정리하고 싶다. 세계의 모든 곳을 정리하고 싶다"처럼 잘하는 일을 행복하게 하다 보면 그 일은 결국 이타적인 가치와 맞닿는다. 이때 정작 본인은 자신이 하는 일이 이타적이라는 생각을 하지 못하는 경우도 많다. 이는 어디까지나 '자기중심적 이타심'이기 때문이다. 그저 재미있어서 자신의 역할에 최선을 다했을 뿐인데, 주변 사람에게 감사하다는 말까지 들으면 기쁨은 배가 될 수밖에 없다.

프로세스가 목적이 되면 몰입이라는 흐름에 올라타면서 성장이 가속화되고, 또 그 성장에 걸맞은 일이 계속해서 나타난다. 어떤 일에 몰입한 채로 여행을 하다 보면 다른 사람도 마음이 움직여 나의 꿈에 함께하게 되고 그들도 그 일에 몰입하게 되는 거대한 지점까지 이르게 되는 것이다.

구글의 '20퍼센트 규칙'과 '마음챙김'

구글에는 '20퍼센트 규칙'이라는 재미있는 제도가 있다. 근무 시간 중 20퍼센트를 하고 싶은 일을 하는 데 쓰라는 규칙이다. 자신이 좋아하는 일이나 문득 떠오른 생각에 근무 시간의 20퍼센트를 써보고 그 일이 가능할 것 같다면 정식으로 추진하라는 것이다. 구글 스트리트 뷰와 크롬북이 '20퍼센트 규칙'을 활용하여 탄생한 결과물이다.

'20퍼센트 규칙'에는 "당신은 지금 하고 싶은 일을 하고 있습니까?"라는 문제의식이 숨어 있다. 이러한 생각은 곧 다음 질문으로 이어진다. "당신은 지금을 살고 있습니까?" 구글은 직원들이 현재에 집중할 수 있도록 '마음챙김Mindfulness(대상을 있는 그대로 관찰하는 마음 수행법 – 옮긴이)' 프로그램을 도입하여 다양한 사고를 장려했다. 지금은 많은 기업에서 마음챙김을 도입해 활용하고 있다.

예로부터 인간은 미래를 예측하며 살아왔다. 사냥할 때는 덫에 먹이가 될 만한 동물을 미끼로 놓아 성공률을 높였다. 인간은 이런 방식으로 결과를 예측하며 실패를 줄여왔다.

반면 치타는 빠른 속도에 비해 사냥 성공률이 매우 낮은 편이다. 직감에 따라 돌진하니 먹이를 놓치는 경우가 허다하다. 인간이라면 성공률이 낮은 사냥은 일찌감치 포기했을 것이다. 이처럼 세상을 예측할 수 있게 되면서 성공률은 높아졌지만, 동시에 실패가 성공보다 가능성이 높은 상황에서는 앞날에 대한 불안감에 시달리게 됐다.

인간은 언뜻 지금을 사는 듯 보이지만 어제의 실수를 곱씹으면서 쉽게 과거에 사로잡혀서 미래를 두려워한다. 하물며 구글의 엔지니어처럼 우수한 인재들의 머릿속에는 미래에 대한 걱정과 불안이 얼마나 가득 들어차 있을까.

경제학자 조지프 슘페터 Joseph Schumpeter **는 "혁신은 평소에 동떨어져 있던 것들을 연결하는 신결합에서 나온다"고**

말했다. 우리의 머리로 생각할 수 있는 것은 현상의 연장선에 지나지 않으므로 전에 없던 새로운 풀이는 기대하기 어렵다. 하지만 지금까지 한 번도 만난 적 없던 것을 서로 연결하면 생각지 못한 깨달음을 얻을 수도 있다.

인간은 미래에 대한 불안과 과거에 대한 후회에 쉽게 사로잡힌다. 하지만 '마음챙김'을 활용하면 이를 잠시 제쳐두고 지금 이 순간의 프로세스에만 집중할 수 있다. 그리고 지금 이 순간에 시간을 투자하는 행위가 바로 '20퍼센트 규칙'이다.

'마음챙김'과 '20퍼센트 규칙'은 눈에 보이는 한계를 타파할 혁신이 필요할 때 '지금'이 얼마나 중요한지를 알려주는 구글만의 가르침이다.

일개미는
어떻게 설탕을 찾아낼까?

프로세스 이코노미의 원리를 가장 잘 실현한 기업 중 하나가 바로 넷플릭스Netflix다. 넷플릭스 사례를 만나기 전 잠시 일개미가 일하는 방식을 살펴보자.

바닥에 설탕이나 꿀을 아주 조금 흘렸을 뿐인데 금세 작은 개미들이 줄지어 나타나는 모습에 놀란 적이 있을 것이다. 단맛이 나는 음식을 무심코 방치해두면 개미는 여지없이 나타나 먹이를 가지러 온다.

개미는 시력이 나빠 물체를 내다볼 수 있는 능력이 떨어진다. 그런데도 어떻게 개미집에서 한참이나 떨어진 부엌에 있는 설탕을 찾아낼까? 그렇다고 개미의 후각이 엄청나게 발달한 것도 아닌데 말이다.

몇천 혹은 몇만 마리의 개미가 아침부터 하루 종일 이곳저곳을 무작위로 돌아다닌다. 수많은 개미가 바쁘게 여기저기 돌아다니는 와중에 우연히 어느 한 개미가 설탕을 찾아낸다. 먹이를 발견한 개미는 더 많은 페로몬을 분비하며 집으로 돌아오는데 이때도 길을 정확히 알지는 못한다. '음, 집이 아마 이쪽이었지?' 하면서 더듬더듬 돌아오는 것이다. 그러다 운이 나쁘면 영영 집에 돌아가지 못할 수도 있다.

이후 다른 개미들이 페로몬 냄새를 맡고 먹이를 발견한 흔적을 따라 모여든다. 페로몬을 쫓아 움직이다 보면 결국 설탕이 있는 곳에 도착하는 것이다. 이렇게 수많은 개미가 한꺼번에 설탕을 들고 집으로 돌아가는 길을 찾는 동안 먹이가 있는 장소에서부터 개미집을 연결하는 동선이 만들어진다. 누군가가 가장 농도가 강한 페로몬을 찾아내면 다른 개미들도 이 길을 따라 움직인다. 결국 설탕과 개미집 사이에 자연스러운 왕복 행렬이 탄생하게 된다.

수많은 개미가 정처 없이 내키는 대로 돌아다닌다. 그 안에서 우연히 A라는 개미가 설탕을 찾아낸다. 혼자의 힘만으로는 집에 갈 수 없을지라도 A가 분비하는 페로몬 덕분에 동료들이 모여든다. 그중에서 누군가가 간신히 집에 도착하면 그 길에는 페로몬이 이중 삼중으로 더해진다. 개미집과 먹이 사이에 길을 만드는 데 실패한 곳은 페로몬이 점점 마르면서 더 이상 냄새가 나지 않는다. 이렇게 해서 마침내 개미집과 먹이가 있는 장소를 연결하는 최단 거리의 고속도로가 탄생한다.

이는 '결과가 목적'인 사고방식이나 가치관이 깔린 인간 사회에서는 있을 수 없는 일이다. 하지만 변화무쌍한 시대를 살아가는 우리에게는 '과정을 목적'으로 하는 개미의 행동이 큰 깨우침을 준다.

프로세스를 숨기지 않고 공개하면 동료를 모을 수 있다. 프로세스 공개는 개미가 페로몬을 분비하는 행위와 마찬가지다. 과정을 보여주면 정처 없이 떠돌아다니는 개미뿐 아니라 다양한 분야에서 뛰어난 실력을 자랑하는 전문가들도 찾아온다. 그러면 10층짜리 건물에서 보물찾기를 하면서도 6층 부엌에 있는 설탕을 쉽게 찾아낼 수 있다. 새의 눈이 있어도 찾을 수 없는 희귀한 설탕을 모두가 무작위로 움직이며 열정적으로 떠돌아다니는 동안 발견하게 되는 것이다.

떠돌이 개미 넷플릭스가 이룬 혁신

개미 이야기는 넷플릭스와 어떤 상관관계가 있을까.

코넬 대학교 존슨 경영대학원의 매니징 디렉터 가라카와 야스히로唐川靖弘는 웹매거진《CINRA》에서 아래와 같이 말했다.

> 목표를 향해 최단 거리로 움직여서 효율적으로 나아가기보다는 내면에서 샘솟는 무언가에 이끌려 인생을 즐기면서 정처 없이 돌아다니는 '떠돌이 개미'야말로 최첨단 방식으로 일하는 것이다.

가와카라는 '떠돌이 개미'를 영어로 'Playful Ant(놀기

좋아하는 개미)'라고 표현했다. 앞으로의 사회는 성과를 내거나 숫자를 키우기 위해 열심히 일하는 사람보다는 호기심에 이끌려 정처 없이 놀면서 떠돌아다니는 사람들에 의해 변화한다는 이야기다. 'Playful Ant'를 소중히 여기는 사회에서는 설렁설렁 일하는 것 같은 직원을 게으르다고 타박하지 않는다. 오히려 자유롭게 일할 기회를 부여해서 혁신을 이끌어낸다.

전 세계 유료 회원 2억 명을 돌파하며 가파른 성장을 이어가고 있는 넷플릭스는 떠돌이 개미가 혁신을 이끌어낸 가장 성공적인 사례다. 넷플릭스 CEO 리드 헤이스팅스가 쓴《규칙 없음》에서는 '규칙 없음이 규칙이다'라는 넷플릭스만의 가치를 잘 엿볼 수 있다.

넷플릭스도 처음에는 츠타야TSUTAYA처럼 비디오 대여점으로 시작했다. 그런데 미국에서는 넷플릭스보다 먼저 '블록버스터Blockbuster'라는 대형 비디오 대여점이 이미 시장을 장악하고 있었다. 블록버스터가 입지가 좋은 곳을 전부 선점하여 가게를 연 탓에 정면으로 경쟁하려 해도 후발 주자였던 넷플릭스가 설자리는 많지 않았다.

이대로 가면 뒤처지겠다는 위기감을 느낀 넷플릭스는 단순한 비디오테이프 대여가 아니라 대여한 비디오테이프를 직접 배송해주는 방식으로 전략을 변경했다. 하지만 비디오테이프를 하나씩 배송해 돈을 받는 방식은 효율적이지 못했다. 이를 깨달은 넷플릭스는 월정액제를 도입했다. 그러나 또 다른 문제가 발생했다. 새로 나온 인기 작품들의 재고가 금세 바닥나 버리자 월정액 고객들의 항의가 빗발쳤다.

고객들의 불만을 해소하기 위해 넷플릭스는 틈새를 파고들기로 했다. 마이너하지만 인기 있는 감독의 작품을 한꺼번에 보고 싶어 하는 고객들의 요구를 반영하여 특정 작품의 재고를 대량으로 확보한 것이다. 음악처럼 자신이 좋아하는 영상을 계속 틀어놓고 싶어 하는 고객들의 요구에 응답하기로 한 것이다.

마이너한 작품을 즐기는 고객들을 만족시키기 위해 넷플릭스가 그다음으로 택한 방법은 무엇이었을까? 비디오를 대여하는 고객의 데이터를 분석해서 그 사람이 다음에 보고 싶어 할 만한 작품을 골라주는 '추천 엔진'을 만들었다. 대중(몸통)의 요구에 응하면서도 동시에 소수(긴 꼬리)의 의견도 무시하지 않으려고 노력한 것이다.

이렇게 넷플릭스가 더듬더듬 자신만의 길을 찾는 동안 인터넷이 상용화되고 속도도 매우 빨라지는 등 기술 혁신이 이어졌다. 넷플릭스는 경쟁사인 블록버스터와의 정면승부를 피하며 장사를 해왔지만, 와중에 '제2의 방법'을 필사적으로 모색했고 그 과정에서 자신들의 비즈니스 방식이 주류가 되는 세상을 맞이했다.

고속 인터넷망에 접속만 하면 집에서 보고 싶은 작품을 언제든지 볼 수 있는 세상이 오자, 넷플릭스는 지금이야말로 액셀을 밟을 때라고 생각하며 막대한 자금을 쏟아부어서 넷플릭스를 전 세계에 퍼트리겠다는 의지를 불태웠다. 그리하여 현재 넷플릭스의 원형이 탄생하게 되었다.

넷플릭스의 손에는 열광적인 마니아들에게 사랑받는 감독과 배우의 리스트, 그리고 고객들이 좋아하는 작품의 줄거리를 세세하게 분석해놓은 데이터가 있었다. 그 데이터를 활용해 '이 배우가 나오는 작품이라면 보겠다', '이 감독의 작품은 보고 싶지 않다', '나는 치밀한 짜임새가 있는 이야기가 좋다'와 같은 고객의 각기 다른 요구를 반영해 훨씬 체계적이고 전략적으로 다음 히트작을 준비할 수 있었다.

넷플릭스는 자체 데이터를 바탕으로 직접 제작에도 뛰어들었다. 그리고 〈하우스 오브 카드〉라는 인기 드라마 시리즈를 탄생시켰다. 그 후 넷플릭스가 완성도 높은 오리지널 영화와 드라마를 무수히 만들어냈다는 사실은 우리 모두가 잘 알고 있다.

100퍼센트 확실한 미래를 예측하는 지도는 어디에도 없다. 예상할 수 없다는 사실만이 미래에 대해 가질 수 있는 유일한 확신이다. 아무런 규칙이 없는 상태에서 위험을 무릅쓰고 도전하는 떠돌이 개미를 응원한다.

'여기가 아닌 것 같은데'라고 깨달았을 때는 프로세스 안에서 유연하게 궤도를 수정하면 된다. '지금이 바로 공격할 때다'라는 확신이 들면 몇십억 원의 제작비를 들여서라도 오리지널 작품을 만들어낸다. 넷플릭스는 이와 같은 방식으로 할리우드와 디즈니를 능가하는 대형 작품을 끊임없이 탄생시키는 플랫폼으로 성장했다.

퍼즐형에서 레고형으로, 인생의 패러다임이 달라진다

프로세스 이코노미의 방식에 대해 후지하라 가즈히로의 말을 빌려 "인생을 사는 방식이 직소 퍼즐형에서 레고형으로 바뀌었다"고도 할 수 있다.

급변하는 시대에는 정답의 형태가 수시로 바뀐다. 처음부터 미리 답을 정해놓았더라면 넷플릭스는 절대 탄생할 수 없었을 것이다.

지금까지 우리는 하나의 정답을 갖고 퍼즐 조각을 맞추며 살아왔다. 정답이 하나뿐이므로 다른 사람보다 빨리 작업을 수행하는 것이 가장 중요했다. 하지만 이제는 무

엇이 완성될지 모른 채 레고 블록을 쌓아 올리는 방식이 더 어울리는 시대가 왔다.

앞으로는 자신이 잘하는 일을 즐기면서 레고 블록을 맞춰나가자. 최종 결과가 어떻게 될지는 아무도 모른다. 그저 지금 이 순간 행복해하며 시간 가는 줄도 모른 채 몰입할 뿐이다. 이러한 열정이 주변을 전염시키면 다양한 사람이 모여들기 시작한다. 그리고 스스로도 상상하지 못했던 머나먼 곳까지 나아가게 되고 마지막에는 다른 사람에게도 기쁨을 줄 수 있게 된다.

우리는 화제가 될 만한 혹은 유행할 상품을 쉬지 않고 만들어낼 수 있는 기계가 아니다. 그보다는 자신이 만들고 싶은 결과물에 집중하며 여기에 최선을 다해야 한다. 프로세스 이코노미는 격동의 시대를 살아가는 우리에게 새로운 삶을 실현하도록 돕는 가장 강력한 무기가 되어줄 것이다. 지금보다 훨씬 창조적이고 두근거리는 미래를 위해 스스로의 가치를 마음껏 높이며 달려보자. 그 과정을 진심으로 응원한다.

'정답 지향주의'에서
'프로세스 지향주의'로

세계 각국에서 지구 온난화 대책과 탄소 중립에 대한 계획을 속속 내놓는 와중에 일본도 2050년까지 탄소 중립을 실현하겠다고 선언했다.

탄소 중립을 위해서는 석탄, 석유와 같은 화석 연료에 의존하는 현재의 에너지 정책을 근본적으로 바꿔야 한다. 태양광이나 풍력 발전과 같은 재생 에너지 사용을 대폭 확대하고, 가솔린 자동차를 전기 자동차로 대체하는 과정도 필요하다. 말하자면 에너지 혁명과 스마트 시티(정보통신 기술을 이용해 교통, 환경, 주거 문제를 개선하여 시민들이 편리하고 쾌적한 삶을 살 수 있도록 만든 최첨단 도시 - 옮긴이) 건설을 서둘러야 하는 것이다.

스마트 시티를 건설하려면 프로세스 이코노미적 발상이 필요하다. 지금까지는 스마트 시티에 관해서 IT 기술과 자율 주행 등이 발달해 생활이 편리해지고 자동으로 상품과 서비스를 빠르게 이용할 수 있다는 등의 이점만을 부각해왔다. 하지만 이정도로 기술이 발달한다면 지금 사는 도시만이 아니라 다른 도시에서도 얼마든지 동일한 혜택을 누릴 수 있다. 그렇다면 군이 파리나 도쿄와 같은 혼잡한 도시에 거주할 이유가 없어진다. 우리는 이 점에도 주목해야 한다.

코로나 바이러스의 출현으로 사람들은 꼭 사무실만이 아니라 집에서도 얼마든지 일할 수 있다는 사실을 깨달았다. 지금까지의 주거 조건은 교통, 쇼핑, 영화관 등 인프라가 잘 갖춰진 기능성을 중시하다 보니 도시에서의 삶을 훨씬 선호했다. 하지만 온라인으로 사람들이 연결될 수 있다면 이러한 기능은 시골에서도 대부분 누릴 수 있다. 그렇다면 군이 사람이 많은 도시에 살 의미가 옅어진다. '기능이 아닌 의미를 중심'으로 사회가 재구성되면서 프로세스 이코노미적인 방향으로 세상이 바뀌어가는 것이다.

스마트 시티를 거론할 때 최근에는 '20분 도시(20분 안에 삶에 필요한 모든 시설에 이르도록 교통 및 구조를 획기적으로 개편하는 도시 정책—옮긴이)'에 관한 이야기도 자주 언급된다. 매달 5만 원 정도를 내면 마을에 있는 자율 주행 커뮤니티 버스를 무제한으로 탈 수 있고, 어디서든 도시형 공유 자전거를 이용할 수 있다. 이렇게 되면 마을 어디든 20분 안에 갈 수 있어서 주민들이 할 수 있는 일들이 더욱 많아진다.

"오키나와의 요미탄에는 도자기 마을이 있어요. 도예가와 함께 예술 작품을 만드는 체험도 할 수 있으니 만들기를 좋아하는 분이라면 꼭 놀러 오세요!"

"우리 마을에는 농작물을 어떻게 키우는지 생산자가 직접 이야기해주며 장사하는 시장이 있어요. 신선하고 맛있는 식재료를 저렴하게 구매하고 농가의 뒷이야기도 들어 보세요."

이제 마을은 커뮤니티가 지닌 고유한 개성을 파는 시대를 맞이했다. 스마트 시티가 건설되고 생활이 더욱 편리해지면 커뮤니티가 옛날부터 간직해왔던 미시적인 내러티브, 즉 소소하고 귀여운 '스토리'가 그 마을의 개성으로 더욱 도드라진다. 그러면 그곳을 방문한 사람은 '이렇게 따뜻하고 정감 있는 마을에 살고 싶다'고 생각하게 될지도 모른다.

과정을 즐기는 것 자체가 목적인 레고 블록처럼 스토리를 요리조리 조합해가면서 의미를 돋보이게 할 수 있다. 실재하는 장소를 '의미의 집합체'로 키워가는 것이다. 스마트 시티와 프로세스 이코노미가 융합하면 사람들이 떠나서 텅텅 비어가는 지방의 시골 마을도 도시와 경쟁할 수단을 갖게 된다.

　글로벌화와 효율화를 지나치게 추구해온 탓에 지구는 여러 가지 사회적인 부담을 떠안게 됐다. 이를 해결하기 위해서 UN은 2030년을 목표로 '지속 가능한 개발 목표SDGs, Sustainable Development Goals'라는 장대한 로드맵을 제시했다.

　지속 가능한 개발 목표도 단 하나의 정답을 향해 돌진하는 '정답 지향주의'가 아닌 프로세스에 참여하는 일 자체를 즐기고 보람을 느끼는 '프로세스 지향주의'로 풀어나가야 달성할 수 있다. 전 지구적인 문제를 해결한다는 거대한 목적을 이루는 데도 이 책에서 소개한 프로세스 이코노미적 발상은 큰 도움이 될 것이다.

　이 책의 초안은 2021년 1월부터 3월에 걸쳐 줌에서 이야기한 내용을 바탕으로 썼다. 여기에 내용을 대폭 추가하고 수정과 편집 작업을 더했다. '프로세스 이코노미'라는 책의 콘셉트뿐 아니라 나의 발언 및 다른 사람과 논의하는 과정은 전부 내가 운영하는 온라인 살롱에 공개했다.

책을 집필하고 편집하는 과정은 원래 밀실에서 이루어지지만, 이 책은 목차 구성과 같은 초기 단계의 작업부터 많은 것을 아낌없이 보여주었다. 온라인 살롱의 회원들과 함께 이렇게 한 권의 책을 완성할 수 있어서 저자로서 매우 기뻤고, 부디 함께 한 분들도 즐거우셨길 바란다.

이 책을 완성하는 과정에 켄스, 니시노 아키히로, 나카야마 신야, 나가오 아키라, 후지하라 가즈히로, 야마구치 슈, 시미즈 한에이지, 아오키 고헤이, 안자이 히로유키, 사도시마 요헤이, 요시다 고이치로, 이토 요이치, 사와 마도카, 이노코 도시유키, 호타 하지메, 다케다 소운, 오카자키 가츠히로, 이와사키 이치로, 가와하라 다쿠미, 사랑하는 친구들을 비롯해 프로세스 자체가 목적인 여행길을 함께 걸어준 동료와의 화합, 수많은 이야기가 함께했기에 여기까지 올 수 있었다. 진심으로 감사의 말을 전한다. 또한 나의 난해한 언어를 책으로 승화시킬 수 있었던 것은 모두 아라이 가오리의 정리 덕분이다.

이 책은 겐토샤의 편집자인 미노와 고스케와의 대화를 계기로 탄생했다. 한 권의 책을 집필하고 편집하는 프로세스에 함께해주고 신나는 모험을 같이 즐겨준 미노와 편집자에게 깊은 감사를 전하고 싶다.

'아웃풋'이라는 마침표 대신
'프로세스'가 이끄는 가능성의 세계로

김용섭
트렌드 분석가, 날카로운상상력연구소장,
《언컨택트》, 《프로페셔널 스튜던트》, 《라이프 트렌드 2022》 저자

"쉽게 돈 버는 법을 알아버린" 웹툰작가 이말년

얼마 전, 〈이말년씨리즈〉로 유명한 웹툰작가 이말년이 tvN 〈유 퀴즈 온 더 블럭〉에 출연했다. 그는 웹툰을 그리지 않은 지 몇 년 되었다며, 그 이유로 "쉽게 돈 버는 법을 알게 돼서"라고 말했다. 그가 '쉽게 돈 버는 법'이라고 재치 있게 말한 것은 사실 이말년이라는 콘텐츠의 프로세스 이코노미다.

그는 지금 유튜버로 활동한다. 그가 운영하는 유튜브 채널 '침착맨'의 구독자 수는 150만 명을 넘었다. 그 외에 '침착맨 플

러스'와 '침착맨 원본박물관'이라는 두 개의 채널을 더 운영하는데, 세 개 채널의 총구독자 수는 200만 명을 넘는다. 잘나가던 웹툰작가 시절보다 지금의 수입이 몇 배 더 높다고 한다. 아웃풋을 내기 위해 창작의 고통을 견디며 힘들게 그림을 그리지 않고도 수다를 떨거나 일상을 보여주는 것으로 더 큰 경제적 가치를 창출한 것이다.

물론 아무나 수다를 떨고 일상을 드러낸다고 돈이 되는 건 아니다. 아웃풋의 가치가 높고 그것을 열렬히 좋아하는 팬덤을 가진 사람이어야 그의 수다와 일상도 상업적 가치를 가진 콘텐츠가 된다. 이말년은 가장 인기 많은 웹툰을 그린 것도 아니고, 가장 돈을 많이 버는 웹툰작가도 아니었다. 하지만 웹툰작가라는 직업을 브랜딩하고, 자신만의 콘텐츠를 프로세스화해 팬덤을 만든 건 웹툰작가 중에서 단연 최고였다.

스타강사 김미경의 유튜브 채널 'MKTV'의 사례도 보자. 이 채널의 구독자 수는 150만 명을 넘었고, 누적 조회수는 3억 회에 육박한다. 더 강력한 건 'MKYU^{MK&You University}'라는 온라인 교육 플랫폼이다. 온라인 대학을 표방하는 이곳에 유료 멤버십 회원만 6만여 명이 있고, 이는 MKYU가 양질의 교육 콘텐츠를 만들어내는 기반이 된다.

일본의 유명 크리에이터 니시노 아키히로의 온라인 살롱에서는 약 7만 명의 유료회원이 매달 1만 원가량을 멤버십 비용으로 내고 있다. 연 수입으로 환산하면 80억 원 정도다. 니시노의 아웃풋에 대한 대가가 아니라 그가 작업하는 프로세스에 대한 후원이자 투자다. 그가 크리에이터 활동에 쓸 여력을 만들어낸 셈인데, 이 큰돈으로 니시노는 더 흥미로운 일을 벌일 것이다.

MKYU의 유료 멤버십도 같은 맥락이다. 콘텐츠를 만들어도 얼마나 잘 팔릴지 모르는 상태에선 투자에도 소극적이게 된다. 하지만 콘텐츠에 투자할 여력을 확보한 채로 시작하면 상황은 달라진다. 양질의 매력적인 콘텐츠, 각 분야의 유명 전문가들을 초빙한 유료 콘텐츠 등을 더 공격적으로 만들고 이것이 회원들에 의해 적극 소비되면 경제적 가치는 더 커진다. MKTV, MKYU 모두 '김미경'이라는 콘텐츠의 프로세스 이코노미다. 그녀는 강력한 팬덤과 끊임없는 실시간 소통으로 스타 강사에서 자기계발을 원하는 여성들의 멘토이자 교육 사업가로 진화했다.

프로세스 이코노미의 사례는 국내에서도 이미 많이 찾아볼 수 있다. 이들은 아웃풋보다 프로세스가 강력한 경제적 가치를 만들어낸다는 사실을 진작 알아챈 얼리 어답터들로, 시대 변화에 기민하게 대응해 새로운 기회를 잡았다.

케이팝 팬덤이 티켓 환불금을 기부하는 이유

BTS가 데뷔 초부터 팬들과 활발하게 소통한 것은 잘 알려져 있다. 무수히 많은 케이팝 아이돌이 쏟아지는 시대, BTS도 처음부터 스타였던 것은 아니다. 음반이라는 아웃풋의 힘만으로 글로벌 스타가 된 것도 아니다. 그들의 음악성과 탁월한 실력도 한몫했지만, 신인 시절부터 팬들과 소통하며 팬덤을 강화하는 동안 프로세스의 힘에 아웃풋의 힘에 더해졌다고 할 수 있다.

사실 BTS는 프로세스 이코노미가 뭔지 알았을 리도 없고, 그걸 알 필요도 없다. 하지만 아이돌로서 팬과의 소통이 중요하고, 팬덤이 필요하다는 것은 처음부터 알고 있었다. BTS가 탄생하기 한참 전에도 한국에선 아이돌 팬덤이 강력하게 존재했다. 팬레터를 트럭으로 받던 아이돌도 있었고, 각종 선물이 산더미처럼 쌓이거나 명품이나 수입차 같은 초고가 선물이 조공처럼 바쳐지던 시기도 있었다.

하지만 2000년 이후 상황은 달라졌다. 자신에게 선물을 보내지 말고, 그 비용을 자선단체에 기부하라는 메시지를 전하는 스타들이 생겨났다. 그때부터 팬들은 자신이 사랑하는 아이돌의 이름을 걸고 자원봉사를 하고 기부를 하기 시작했다. 이제 스타는 팬 위에 군림하지 않는다. 친구이자 동료와 같은 관계로 팬들의 곁에서 함께한다.

BTS의 팬클럽인 아미는 이런 문화를 가장 잘 반영하고 있다. 2020년 4월에 예정되어 있었던 BTS의 국내 공연이 코로나19로 취소되자 팬들은 공연 티켓 환불액을 그대로 코로나19 구호 성금으로 기부했다. 공연을 보기 위해 치른 돈이지만, 불의의 상황으로 공연이 취소되자 스타의 이름으로 기부하는 방식을 선택한 것이다. BTS가 인종 차별 이슈에 목소리를 내고 후원금을 기부하자, 팬클럽 아미에서도 같은 금액을 후원한 적도 있다. 자신들이 지지하는 스타가 사회적으로 더 큰 영향력을 가지고, 더 많은 사랑을 받도록 하는 자발적 팬심인 셈이다.

BTS뿐만 아니라 한국의 수많은 아이돌도 마찬가지다. 아이돌의 생일이나 특별한 기념일을 맞아 기부하는 건 지금까지도 이어지는 전통이 되었다. 처음에는 국내의 소외 계층이나 자선 단체에 쌀이나 돈을 기부하는 정도였으나 이제는 점점 범위를 넓혀 해외에도 기부와 자원봉사를 한다. 그뿐만 아니라 환경, 동물윤리, 기후위기, 젠더 이슈 등에도 목소리를 낸다.

케이팝 스타들은 음반만이 아니라 생각과 행동, 즉 프로세스로 영향력과 가치를 만들어내고 있다. 그 중요성도 점점 커지고 있다. 사실 프로세스 이코노미를 가장 잘 구현한 것이 케이팝 스타들이라 해도 과언이 아니다. 케이팝은 멋진 노래와 안무만을 전 세계에 보여준 게 아니다. 아티스트와 한마음으로 팬덤을 만들어가는 새로운 문화도 전 세계로 전파한 것이다.

밀가루 브랜드에 열광하는 1020세대

곰표 밀가루로 유명한 대한제분은 1952년에 설립된 회사다. 대한제분은 70년이나 된 회사임에도 요즘의 1020세대에게 친숙하다. 이들은 밀가루를 사본 적은 없어도 곰표 맥주는 자주 마시고, 곰표 캐릭터가 그려진 굿즈들을 앞다투어 구매한다.

밀가루는 개인 소비자가 구매하는 것보다 식당이나 제과점 등 B2B 구매가 압도적이다. 따라서 밀가루 회사는 개인 소비자들과 긴밀한 관계를 맺을 필요가 없었다. 밀가루는 전형적인 아웃풋 이코노미로 누가 더 양질의 제품을 만들어 가격경쟁력 있게 공급하느냐에만 초점을 맞췄다. 그런데 대한제분은 뜻밖에도 2018년부터 곰표 브랜드로 티셔츠와 패딩 점퍼를 만들더니 맥주, 화장품, 과자 등 수많은 분야의 소비재 기업과 컬래버레이션하면서 브랜드 가치를 끌어올렸다. 2021년, 곰표 맥주는 마케팅 차원으로 해발 300미터 소래산에서 플로깅(조깅을 하면서 쓰레기를 줍는 친환경 운동) 행사를 진행해 호평받기도 했다. 서서히 곰표에 대한 팬덤이 생겨났고, 곰표가 추진하는 이벤트마다 관심이 쏟아졌다. 아무도 예상하지 못했던 밀가루 브랜드로 프로세스 이코노미를 구현한 셈이다.

이제 곰표는 치킨너깃 사업을 시작으로 식품시장까지 진입했다. 식재료를 공급하는 데 그치지 않고 본격적으로 소비자를 상대하는 식품회사로 사업 분야를 확장해가는 것이다. 분명 비즈니스의 진화이자 기업의 성장이다.

만약 대한제분이 수십 년간 그랬듯이 밀가루 제조라는 아웃풋에만 매달렸다면 어떻게 되었을까? 몇 년 전까지만 해도 대한제분의 매출은 하향세였다. 2014년 8697억 원이던 매출은 2017년 8108억 원까지 떨어졌다. 그러나 2018년 8646억 원으로 반등하더니 2019년 9338억 원, 2020년 9701억 원에 이어 2021년 1조 원을 넘었다. 하락세에서 반등의 기점이 된 2018년은 공교롭게도 곰표 브랜드로 컬래버레이션을 시작한 해다.

최근 수년간 다양한 컬래버레이션으로 고객에게 재미와 의미를 동시에 선사하는 기업들이 유독 많아졌다. 상당수는 브랜드 가치도, 사업 실적도 한층 좋아졌다. 고객의 열렬한 지지와 애정을 받는 기업에는 기회가 더 많다는 것을 보여준 셈이다. 곰표는 밀가루라는 아웃풋이 아니라 밀가루의 하얀색 이미지와 밀의 특성을 활용해 프로세스에서 가치를 만들어냈고, 이는 결국 아웃풋의 가치 상승으로도 이어졌다.

트로트는 어떻게 '제2의 전성기'를 맞이했을까?

이미 발사한 화살은 방향을 바꿀 수 없다. 아웃풋 역시 마찬가지다. 그러나 프로세스는 마침표가 아니다. 여전히 진행 중이기에 얼마든지 소비자의 참여와 개입으로 방향이 바뀌고 결과물도 달라질 수 있다. 느슨한 연대를 하는 공동 창작이자 집단 생산으로 봐도 된다. 참여한 이들은 이미 소비자가 아니라 생산자이며 크리에이터의 입장이 된다. 더 잘 팔리게 하기 위해 발 벗고 나서서 주위에 알린다.

크라우드 펀딩으로 책이나 음반을 만들기도 하고, 공간이나 상품도 만든다. 여기에 참여한 이들은 남다른 주인 의식을 갖게 된다. 크라우드 펀딩은 소액 투자자를 모으는 것이라기보다 프로세스 이코노미를 위한 지지자를 모으는 행위라 할 수 있다. 마켓 4.0의 시대에는 자금을 확보하는 것보다 사람을 확보하여 팬덤을 만드는 게 더 강력한 무기다.

한국에서 트로트 오디션 프로그램이 히트하며 트로트 열풍이 분 것도, 오디션 프로그램을 통해 가수의 팬덤이 비약적으로 성장했기 때문이다. 구시대의 산물이었던 트로트가 프로세스 이코노미에 힘입어 부활하면서 1020세대 트로트 가수와 1020세대 트로트 팬들도 탄생시켰다.

1020세대는 커녕 3040세대도 트로트에 관심이 없을 정도로 트로트는 오랫동안 중장년과 노년의 문화에만 머물렀었다. 그런데 오디션 프로그램과 소셜 미디어가 죽어 있던 트로트를 다시 살려낸 셈이다. 지금은 젊은 트로트 가수들의 팬클럽도 활발하고, 그들의 굿즈도 잘 팔린다. 음악으로서의 트로트를 넘어서 상품으로서의 트로트 가수 시대가 열린 것이다. 소셜 미디어로 실시간 소통이 수월해져 팬들은 트로트 가수들을 더 가깝게 느낀다. 프로세스 이코노미가 더 필요해질 수밖에 없는 시대인 것이다.

현대 사회에서 공감은 점점 중요한 능력이 되어 간다. 과거처럼 인맥이 촘촘하지도 않고 가족, 직장, 학교에서의 관계망도 느슨해졌다. 물리적 소속감은 줄어든다. 그런데 반대급부로 심리적 소속감은 커진다. 소셜 미디어에서는 국가와 인종, 나이와 무관하게 친구를 맺고, 현실에서 만나지 않아도 충분히 친밀해진다. 이런 시대에는 취향과 경험, 성향과 가치관, 정치관이 맞는 사람끼리 더 가까워진다.

역대 가장 개인주의적인 시대라고 하지만 우린 여전히 관계를 맺고 어울리며 살아간다. 그 대상이 물리적으로 멀어도 상관없고, 사람이 아니라 동물이나 사물이어도 괜찮다. 연대의 방식이 달라지는 건 욕망의 변화 때문이고, IT가 여기에 많은 기여를 했다. 가상현실과 메타버스가 현실로 더 깊숙하게 들어오면 우리가 맺는 관계는 더욱더 자기중심적으로 전개될 것이다. 그때는 역설적으로 팬덤과 프로세스 이코노미가 지금보다 더 강력해질 것이다.

우린 절대 고립된 채 살 수 없다. 연결과 연대는 시대의 변화에 따라 방식은 달라졌지만, 여전히 우리에게 유효하다.

'무엇'보다 '누구'가 콘텐츠 가치를 결정한다

한때 전 국민을 동창회 열풍으로 몰아넣었던 아이러브스쿨이나 다모임은 추억으로만 남았다. 마이스페이스도, 야후도 한때는 세계적 위상을 누렸지만 지금은 사용자가 대폭 줄었다. 오디오 기반의 커뮤니티 플랫폼인 클럽하우스는 세계적 주목을 받으며 폭발적 성장을 하는가 싶더니 금세 힘이 꺾였다.

비즈니스에서는 자본의 힘, 인재의 힘이 중요하다. 매출과 수익이 급증하고, 투자금이 몰리면 자본의 힘은 강력해진다. 이어

인재들도 몰려온다. 초반 성장세가 좋은 IT 기업 가운데는 의외로 오래 버티지 못하고 무너지는 경우가 많다. 그리고 그 자리를 어느새 아주 작은 스타트업이 차지하는 일을 우리는 자주 목격했다. 자본과 인재의 힘을 능가하는 것은 바로 고객의 욕망이 만들어내는 힘이다. 여전히 새로운 기업, 새로운 크리에이터가 계속 등장하고 있고 그들이 새로운 기회를 잡아가는 것을 보면 자본과 인재라는 힘을 가진 대기업이나 유명 크리에이터가 난공불락의 절대적 아성은 아닌 것이다.

우린 과연 무엇을 소비하는 걸까? 무엇을 욕망하는 걸까? 어쩌면 물리적인 상품 자체가 아니라 상품을 둘러싼 스토리와 나와의 관계, 감정적 교감을 사는 건 아닐까?

콘텐츠도 마찬가지다. 이제는 '어떤' 콘텐츠냐보다 '누가' 만들었는지가 더 중요해졌다. 비슷한 수준의 콘텐츠라도 만든 사람에 따라 베스트셀러가 될지, 그대로 사라질지가 결정된다. 크리에이터나 아티스트도 마찬가지다. 누가 어떤 과정을 거쳐 무슨 히스토리를 담아냈는지가 중요하다.

우리의 소비에는 감정이 개입된다. 이는 커뮤니티와 플랫폼 이코노미가 강력한 힘을 발휘하는 시대상과도 맞닿아 있다. 상품과 서비스, 콘텐츠 등 모든 분야에서 상향 평준화가 이루어져 결과물로는 변별력이 없는 시대가 됐다. 기업들이 브랜딩과 팬덤에 주목하는 이유다.

프로세스 이코노미는 개인의 가치를 높이는 측면에서도, 기업의 브랜딩과 마케팅에서도 강력한 무기가 된다. 이미 이를 활용해서 성공한 사례들은 국내외에 무수히 많다. 이 책을 읽으며 프로세스 이코노미를 제대로 활용하지 않은 스스로를 돌아보게 되었다. 이제 여러분도 이 책을 읽고 프로세스 이코노미에서 새로운 기회와 미래를 만들어가길 바란다.

옮긴이 **이정미**

성균관 대학교 신문방송학과를 졸업한 뒤 개구쟁이 아들을 키우며 번역을 하고 있다. 제22회 한국번역가협회 신인번역장려상을 수상했으며 현재 바른번역 소속 전문번역가로 활동 중이다. 옮긴 책으로는 《세계 최고의 인재들은 어떤 루틴으로 일할까》, 《안다고 다 말하지 말고 들었다고 다 믿지 마라》, 《야근은 하기 싫은데 일은 잘하고 싶다》, 《뭐든 잘 되는 회사의 회의법》 등이 있다.

프로세스 이코노미

아웃풋이 아닌 프로세스를 파는 새로운 가치 전략

초판 1쇄   2022년 5월 3일
초판 9쇄   2024년 5월 7일

지은이 | 오바라 가즈히로
옮긴이 | 이정미

발행인 | 문태진
본부장 | 서금선
편집 2팀 | 임은선 원지연   교정 | 조유진

기획편집팀 | 한성수 임선아 허문선 최지인 이준환 송은하 송현경 이은지 유진영 장서원
마케팅팀 | 김동준 이재성 박병국 문무현 김윤희 김은지 이지현 조용환 전지혜
디자인팀 | 김현철 손성규   저작권팀 | 정선주
경영지원팀 | 노강희 윤현성 정헌준 조샘 이지연 조희연 김기현
강연팀 | 장진항 조은빛 신유리 김수연

펴낸곳 | (주)인플루엔셜
출판신고 | 2012년 5월 18일 제300-2012-1043호
주소 | (06619) 서울특별시 서초구 서초대로 398 BNK디지털타워 11층
전화 | 02)720-1034(기획편집) 02)720-1024(마케팅) 02)720-1042(강연섭외)
팩스 | 02)720-1043   전자우편 | books@influential.co.kr
홈페이지 | www.influential.co.kr

한국어판 출판권 ⓒ (주)인플루엔셜, 2022

ISBN 979-11-6834-022-0 (03320)